Petite philosophie des grandes idées

LE DÉSIR

Éditions Eyrolles
61, Bd Saint-Germain
75240 Paris Cedex 05
www.editions-eyrolles.com

Chez le même éditeur, dans la même collection :
Le Bonheur, Philippe Danino et Éric Oudin
L'Amour, Catherine Merrien
L'Art, Cyril Morana et Éric Oudin
La Liberté, Cyril Morana et Éric Oudin
La Religion, Carine Morand

Mise en pages :
48 bis Arts graphiques

© Groupe Eyrolles, 2011
ISBN : 978-2-212-54933-5

Cyrille Bégorre-Bret
Préface d'André Comte-Sponville

Petite philosophie des grandes idées

LE DÉSIR
De Platon à Sartre

EYROLLES

Sommaire

Préface

Quel est le contraire du désir ? La tradition répond : l'aversion. Ce sont deux tendances opposées : le désir tend vers son objet ; l'aversion le fuit. Mais le fuirait-elle, si elle ne désirait l'éviter ? Ainsi le désir, au sens le plus général, est la tendance première, qui peut s'exprimer aussi bien dans la fuite (aversion) que dans la poursuite (désir au sens strict).

Et si tout désir fait défaut ? Ce n'est plus aversion mais indifférence. L'aversion est le contraire du désir ; l'indifférence, sa négation. Cela dit quelque chose d'essentiel sur le désir : qu'il est l'origine non certes de toute différence objective, mais, pour parler comme Louis Lavelle, de toute « rupture de l'indifférence » subjective. Par exemple ces deux arbres devant moi. Ils sont évidemment différents l'un de l'autre. Mais si je ne désire rien de ce qu'ils sont ou permettent, ils me sont pareillement indifférents. Dès que le désir s'en mêle, tout change. Je désire l'ombre ? Le plus feuillu sera préférable. Je désire manger un fruit ? Un pommier alors vaut mieux qu'un chêne, et ce pommier-ci plutôt que celui-là. Je désire jouir du spectacle qu'ils m'offrent ? Alors la forme et la couleur compteront davantage que la qualité du fruit ou la densité du feuillage. Je désire tout cela à la fois ? Ces différents désirs se composent, comme dans un parallélogramme de forces, et j'agis en conséquence. C'est ce qu'on appelle la volonté, qui est comme une résultante (si possible réfléchie) de désirs.

Les désirs sont multiples, variables, évolutifs, parfois contradictoires. Et différents, cela va de soi, selon les individus. Celui-là désire surtout la tranquillité. Celui-ci la richesse ou la gloire. Certains désirent davantage la justice ; d'autres, davantage l'ordre ; d'autres encore mettront la liberté plus haut que tout. Comment seraient-ils d'accord ? Tous désirent. Tous ne désirent pas la même chose. C'est vrai aussi en matière sexuelle. Cette femme que je trouve si désirable pourra laisser un homosexuel ou une autre femme – voire un autre hétérosexuel – parfaitement insensible. Des goûts et des couleurs... Non que celles-ci ne soient objectivement différentes ; mais parce qu'elles ne valent, subjectivement, qu'en fonction de ceux-là. Or, qu'est-ce que le goût ? Le désir, historiquement et culturellement déterminé. Qu'il s'éduque, c'est une évidence, ou plutôt c'est sa définition. Mais il n'en reste pas moins subjectif pour autant. Car qui décide de l'éducation, sinon le goût des parents ou des maîtres ?

Le désir, au sens étroit, est le contraire de l'aversion. Mais ces deux contraires, ensemble, forment le désir au sens large (ce que les stoïciens appelaient *hormè*, la tendance), qui est le contraire de l'indifférence. Cela débouche sur une espèce de définition. Qu'est-ce que le désir ? C'est un pouvoir – biologiquement et socialement déterminé – de différenciation normative, par quoi le désirable et l'indésirable viennent au monde. Le désir, entre les deux, fait la différence ou, à tout le moins, la ressent. Comment serais-je indifférent, puisque je ne désire pas tout pareillement ?

L'étymologie du mot semble renvoyer à l'astre (*sidus, sideris*), dont le préfixe *de-*, qui est privatif, marque l'absence ou le regret. *Desiderare*, en latin, c'est d'abord « cesser de voir l'astre », puis « déplorer l'absence » de quelque chose. On n'en conclura pas que tout désir serait déçu toujours, mais plutôt qu'il n'est de déception ou de satisfaction que pour et par le désir. Une étoile qui s'éteint ou qui disparaît, quelle importance, si nul désir ne la vise ou n'en est affecté ? Tout, sans désir, est indifférent. Rien, dès que le désir intervient, ne l'est.

Cela semble donner raison aux relativistes, par exemple à Spinoza ou Nietzsche. Ce n'est pas parce que nous jugeons qu'une chose est bonne que nous la désirons, expliquait le premier ; c'est au contraire parce que nous la désirons que nous la jugeons bonne[1]. Et le second : « C'est l'homme qui a prêté de la valeur aux choses, afin de se conserver. [...] Évaluer, c'est créer : c'est leur évaluation qui fait des trésors et des joyaux de toutes choses évaluées[2]. » Ce n'est toutefois qu'un point de vue, parmi d'autres possibles. On peut aussi penser, avec Platon ou Kant, que la valeur existe d'abord, objectivement ou absolument, et que c'est elle qui gouverne le désir. Relativisme ou absolutisme : c'est l'un des problèmes fondamentaux de la philosophie, où se joue le statut de nos

---

1. Spinoza, *Éthique*, III, scolie de la proposition 9 ; voir aussi, *ibid.*, le scolie de la proposition 39.
2. Nietzsche, *Ainsi parlait Zarathoustra*, I, « Des mille et un buts ».

jugements de valeur (donc aussi de l'éthique, de l'esthétique et de la politique). Mais quelle que soit la position qu'on adopte, il n'en reste pas moins que le désir, au sens large, et qu'il soit premier ou second (qu'il engendre la valeur ou qu'il en résulte), marque en nous la fin de l'indifférence. Par exemple une marchandise : elle peut bien avoir une valeur objective, qu'un économiste pourrait calculer ; elle est sans valeur pour moi (subjectivement), si je ne la désire pas. Même chose pour la richesse ou la gloire, la puissance ou la vertu : quand bien même elles auraient une valeur objective, elles n'agissent en moi, et ne me font agir, qu'à proportion du désir que j'en ai. C'est pourquoi le désir, pour chacun de nous, est tellement important : parce que rien n'a d'importance pour celui qui ne désire rien.

On y voit parfois une forme de sagesse, qu'on dit souvent orientale ou bouddhiste : il faudrait éradiquer les désirs, afin d'atteindre la sérénité. Mais la sagesse ne vaut elle-même, pour un individu quelconque, que pour autant qu'il la désire. S'il préfère la passion ou la révolte, que lui importe la sérénité ? Et quoi de plus absurde que de désirer l'absence de désir ? Quoi de plus mortifère ? Quoi de plus inhumain ? Si « le désir est l'essence même de l'homme », comme dit Spinoza et comme Freud le confirme, on ne pourrait y renoncer qu'en renonçant à l'humanité. Qui le peut ? Qui le veut ? Et comment le vouloir, sans le désirer ? Par quoi toute condamnation du désir est contradictoire : elle suppose le désir de se débarrasser du désir, dont elle reste ainsi prisonnière. C'est faire l'éloge de l'indifférence. Mais si tout est indifférent, à quoi bon un éloge ? Rien, sans désir, n'a pour nous de valeur ni d'importance : ce n'est plus sagesse mais je-m'en-foutisme, qui est le nihilisme des pauvres (et un contresens, mais il serait trop long de le montrer, sur le bouddhisme).

Il ne s'agit pas de supprimer les désirs, ce qu'on ne peut, mais de les comprendre, de les contrôler (tous ne sont pas acceptables), de les hiérarchiser (tous ne se valent pas : tous ne sont pas également désirables), de les satisfaire, quand c'est possible, de les maîtriser, quand ce ne l'est pas, de les surmonter peut-être, de les sublimer parfois… Cela suppose un art de vivre, qui est un art de jouir et de se réjouir – un art d'aimer. Cela ne va pas sans efforts. Cela ne va pas sans réflexion. C'est où les philosophes sont le plus utiles : non pour nous faire la morale, comme on le croit sottement, mais pour nous aider à y voir plus clair, et d'abord en nous-mêmes. La philosophie commence là, depuis Socrate, et toujours recommence. Se connaître soi-même, c'est aussi ou d'abord se savoir désirant, et savoir ce qu'on désire (par exemple se connaître), et ce que c'est que désirer.

Le désir est-il manque, comme le veut Platon, ou puissance, comme le veut Spinoza ? Vient-il du corps, comme le pensent Épicure ou Diderot, ou indique-t-il d'abord un élan de l'âme, comme l'enseignent Descartes ou Rousseau ? Est-il essentiellement conscient, comme le croit Sartre, ou souvent inconscient, comme Freud l'affirme ? Est-il une chance ou un danger ? Une force ou une faiblesse ? Un obstacle à vaincre ou une faculté à cultiver ? Sur toutes ces questions, le livre de Cyrille Bégorre-Bret apporte de précieux éclairages. Il a retenu neuf auteurs, ou neuf écoles, et bien sûr ce choix est subjectif, comme ils le sont tous, donc discutable (je regrette surtout, pour ma part, les absences de Schopenhauer et Gilles Deleuze). Mais c'est l'esprit de cette collection, et cela vaut mieux qu'une absence de choix, qui vouerait ce livre aux généralités ou aux platitudes. Mieux vaut suivre quelques auteurs d'un peu près, dans leurs singularités, dans leurs différences, dans leurs conflits. La philosophie est une arène, comme disait Kant, point un club de loisirs qui fonctionnerait au consensus. Dans son avant-propos, Cyrille Bégorre-Bret oppose les « amis du désir » (Épicure, Spinoza, Rousseau, Diderot, Sartre), qui veulent surtout l'assouvir ou le cultiver, et les « ennemis du désir » (Platon, Épictète, Descartes, Freud), qui se donnent plutôt pour but de l'encadrer, voire de le juguler. C'est un raccourci quelque peu caricatural, comme il le reconnaît lui-même, que la suite du livre permet de nuancer. Même les ennemis du désir doivent faire avec : nul ne peut surmonter ses propres pulsions ou impulsions qu'à la condition d'abord de reconnaître leur existence, leur force, leur nécessité. Même les amis du désir doivent s'y confronter, s'y affronter parfois : on ne peut en assouvir certains, qu'on juge les meilleurs ou les plus importants, qu'à la condition de renoncer à d'autres, qui nous en séparent, qui nous encombrent ou nous emprisonnent. Ni ascèse ni débauche. Il ne s'agit pas d'éradiquer les désirs, ni de s'y noyer, mais de les comprendre, de les distinguer, de les classer, de les hiérarchiser, afin de les satisfaire ou non (en tout cas d'essayer), selon qu'ils nous approchent ou nous éloignent du bonheur, que nous désirons tous, et d'en être les maîtres, dans la mesure du possible, plutôt que les esclaves. C'est la philosophie même : il s'agit de penser mieux pour vivre mieux, c'est-à-dire de façon à la fois plus intelligente, plus lucide, plus libre, plus heureuse, et tels sont en effet, comme disait Spinoza, « les désirs d'une âme philosophique[1] ».

André Comte-Sponville

---

1. *Lettre 30*, à Oldenburg.

Avant-propos

Les désirs sont des phénomènes fort concrets et aisément identifiables par chacun d'entre nous. Appétit sexuel, soif de pouvoir, amour de l'argent, avidité de biens matériels, concupiscence, ambition, gourmandise, etc. Tous ces désirs, nous les éprouvons tous les jours ou presque. Nous les rencontrons d'abord dans la vie quotidienne. Nous ne les découvrons que par la suite dans les livres des grands penseurs.

Désirs apparemment triviaux : je passe devant la vitrine d'un pâtissier et j'ai subitement envie d'un éclair au chocolat. Désirs plus sophistiqués : j'ai soif de gloire à tel point que je participe à l'élection présidentielle. Désirs moins inoffensifs, également : je peux éprouver un désir sexuel si impérieux qu'il bouleverse mon existence.

Le désir est un phénomène quotidien, c'est sans doute pour cela qu'il constitue un thème profondément philosophique. Dans l'expérience courante des désirs, on est inévitablement confronté à des débats philosophiques majeurs, parfois d'une redoutable complexité.

Interrogations sur les origines : d'où vient donc ce désir qui, il y a un instant encore, n'existait pas et qui chamboule maintenant mon comportement ? Vient-il de mon corps ? Vient-il de mon esprit ?

Débat sur la valeur des désirs : sont-ils bons ou sont-ils mauvais ? Sont-ils utiles ou sont-ils néfastes ?

Et discussions sur l'attitude à adopter face à eux. Dois-je les combattre ou dois-je les suivre ? Dois-je les condamner ou dois-je les accepter ?

J'ai composé cet ouvrage de façon à rendre compte de l'apparition quotidienne des désirs et pour expliciter les débats tendus que les désirs suscitent entre les philosophes. C'est ce double critère qui a présidé au choix des textes et des auteurs.

Concernant les origines, les causes et la nature des désirs, j'ai veillé à mettre en évidence les divergences entre les partisans de l'âme et les avocats du corps. D'une part, Platon, Descartes et Rousseau considèrent que le désir est avant tout un élan de l'âme, autrement dit un phénomène psychique. D'autre part, pour

Épicure, Spinoza et les Encyclopédistes, le corps joue un rôle déterminant dans la formation, l'émergence et l'expression des désirs. C'est la première ligne de fracture entre les philosophes qu'il m'a paru nécessaire de faire apparaître, quitte à la nuancer. En ce qui concerne la valeur des désirs, j'ai souligné le différend entre les « amis du désirs » et les « ennemis du désirs » selon un raccourci aussi utile que caricatural. D'un côté, Épicure, Diderot et les libertins ou encore Sartre soutiennent que les désirs manifestent une tendance positive de l'être humain. D'un autre côté, Épictète, Descartes et Freud estiment que les dangers présentés par les désirs sont si grands qu'ils l'emportent sur le plaisir de les assouvir. C'est ce qui m'a conduit à mettre en évidence, chez tous les auteurs présentés, leurs recommandations en matière de désir. Chez Platon, Épictète, Descartes ou encore Freud, le désir doit être extrêmement encadré, voire jugulé. Chez Épicure, Spinoza, Rousseau, Diderot ou Sartre, les désirs doivent être satisfaits et même cultivés.

Assurément, bien des philosophes auraient mérité un chapitre à part entière dans le présent ouvrage. J'aurais souhaité pouvoir consacrer de longs développements à Aristote, en raison des distinctions très fines qu'il introduit entre désir, souhait, choix rationnel, décision et volonté dans le livre III de l'*Éthique à Nicomaque*. J'aurais voulu présenter plus de textes de Michel de Montaigne, de Blaise Pascal et de Voltaire : leurs descriptions minutieuses sur les douleurs et les plaisirs des hommes en proie à des désirs multiples sont aussi subtiles qu'éclairantes. Enfin, les textes que Gilles Deleuze et Félix Guattari ont consacrés, dans *L'anti-Œdipe* notamment, à la psychanalyse ont une grande portée dans l'interprétation et la discussion des textes de Freud.

J'ai calmé mes regrets de plusieurs façons. D'une part, j'ai pallié ces absences grâce à de nombreux encadrés. D'autre part, j'ai choisi de donner la priorité aux textes concrets plutôt qu'aux traités techniques. Enfin et surtout, j'ai pris conscience qu'un thème aussi largement abordé par les philosophes occidentaux condamne nécessairement les ouvrages généralistes à d'inévitables lacunes. La réussite d'un tel projet se mesure moins à l'exhaustivité de l'ouvrage qu'à sa capacité à donner aux lecteurs philosophes l'envie de découvrir d'autres thèses, d'autres perspectives et d'autres arguments sur ce thème. En somme, j'aurai atteint mon but si je suscite un désir de réflexion.

1 / # Platon

ou le désir
de sagesse

Pour commencer...

La vie du sage Platon n'est pas exempte de désirs. Bien au contraire. Les désirs y jouent, selon le témoignage du philosophe lui-même[1], un grand rôle.

Platon naît à Athènes, en 427 avant notre ère, dans une famille proche des cercles dirigeants. Dès sa jeunesse, il désire ardemment participer au gouvernement de sa cité. Mais son désir est rapidement contrarié, puis déçu : les dirigeants qui se succèdent à la tête d'Athènes se rendent tous coupables d'exactions. Pour Platon, le plus marquant de ces crimes est la condamnation à mort de Socrate, en -399. L'exécution de Socrate, son maître, bouleverse l'existence de Platon. Elle modifie de fond en comble ses désirs initiaux :

> « *En outre, les lois écrites et les coutumes étaient corrompues et cette corruption avait atteint une importance si étonnante que moi, qui, dans un premier temps, avais été submergé par un grand désir de m'occuper des affaires publiques, je finis par être pris de vertige*[2]. »

Chez le jeune Platon, le désir de pouvoir fait place à un désir de savoir. Il a soif de découvertes, de lectures et d'écriture. Platon visite la Grèce, l'Égypte et la Sicile, alors dominée par les Grecs. Lorsqu'il revient à Athènes, en -387, il crée l'Académie. C'est la première institution de recherche et d'enseignement supérieur de l'Antiquité. La fondation de l'Académie répond au désir de former les élites grecques et de mener une vie consacrée à la philosophie. Jusqu'à sa mort (en -347) Platon enseigne et écrit de nombreux dialogues[3] à l'Académie.

Le désir de mener une vie philosophique n'éteint jamais, chez Platon, le désir d'avoir une influence politique. Trois fois, le

---

1. Platon retrace sa vie dans une lettre, *cf.* Platon, *Lettres*, traduction Luc Brisson, GF-Flammarion, Paris, 1994, lettre VII, p. 167-210.
2. *Lettre VII*, 325 d, traduction citée, p. 169-170.
3. On peut rappeler que la plupart des écrits de Platon ont la forme de dialogues. Si Platon y donne souvent le premier rôle à Socrate, Socrate lui-même n'a pas laissé d'œuvre écrite.

philosophe tente de réformer le régime politique de la Sicile en utilisant ses compétences d'intellectuel et de professeur. Trois fois, il accepte de devenir le conseiller des dirigeants successifs de la Sicile, Denys Ier et son fils, Denys II. Trois fois il échoue. La cause de ces échecs tient, selon Platon lui-même, à un conflit habituel entre désirs : chez les tyrans siciliens, le désir de gouverner sagement est battu en brèche par le désir de dominer brutalement.

La vie de Platon est profondément influencée par les désirs. Par les siens. Et par ceux des autres. C'est peut-être pour cette raison qu'il leur consacre une place si importante dans son œuvre.

Le désir, un vagabondage de la souffrance vers le plaisir

Le désir aux semelles de vent

Avant de juger le désir, il convient de dire ce qu'il est, estime Platon. Il lance donc Socrate et ses interlocuteurs à la poursuite de la définition du désir dans de nombreux dialogues. La tâche est difficile, car le désir a de multiples avatars. Il est éprouvé par des personnes différentes. Il est dirigé vers des objets forts variés. Et il revêt de multiples figures :

> *« On trouverait de nombreuses formes différentes de désirs, de plaisirs et de peines, notamment chez les enfants, chez les femmes et chez les domestiques, et, parmi ceux qu'on appelle hommes libres, chez la multitude des gens ordinaires*[1]. *»*

Par-delà la diversité des désirs, Platon décèle des caractéristiques invariables. La première d'entre elles, c'est que le désir est un mouvement. Dans les dialogues de Platon, le désir est toujours décrit, par Socrate et par ses adversaires, comme un élan ou une impulsion vers un objet désiré. La soif est le désir de boire : elle est

---

1. *République*, 431 c, traduction Georges Leroux, GF-Flammarion, Paris, 2004, p. 234.

mouvement vers une boisson fraîche. L'amour est le désir de l'être aimé : il est mouvement vers une personne qui me plaît.

Les Odyssées du désir

Les épopées grecques de l'Antiquité (et les contes de fée de l'ère moderne) mettent en scène des désirs. Elles les matérialisent souvent sous la forme de pérégrinations.

En Grèce ancienne, Ulysse est la figure emblématique du désir en mouvement. Après la guerre de Troie, ce héros désire tant rentrer chez lui, retrouver son trône et son épouse, qu'il n'hésite pas à traverser de multiples contrées pour atteindre l'objet de son désir : l'île d'Ithaque.

Pour Platon, le désir est essentiellement mouvement. C'est pourquoi Socrate le représente sous les figures d'un chasseur , d'un nomade et d'un vagabond[1].

Le désir a horreur du vide

Mais d'où vient ce type spécial de mouvement qu'est le désir ? Pour Platon, tous les désirs procèdent de la sensation douloureuse d'un vide. Souvent, il analyse les désirs à la lumière du phénomène de la faim. Celle-ci a pour cause le creux douloureux de l'estomac. Et elle vise à le faire disparaître :

> « *Celui de nous qui est vide semble donc désirer le contraire de ce qui l'affecte puisqu'il est vide et qu'il désire se remplir*[2]. »

Tout désir provient d'un manque qui suscite une souffrance. Le modèle de la faim peut paraître simpliste pour analyser un phénomène aussi complexe que le désir. Ce modèle marque pourtant profondément la postérité philosophique et artistique.

---

1. *Le Banquet*, 203 c, traduction Luc Brisson, GF-Flammarion, Paris, 2000, p.142.
2. *Philèbe*, 35 a, traduction Jean-François Pradeau, GF-Flammarion, Paris, 2002 p. 139.

Le désir, le manque et l'attente

Dans *Les nourritures terrestres*, André Gide étend à la nature entière le désir et le manque qui le sous-tend : « J'ai vu la plaine, pendant l'été, attendre ; attendre un peu de pluie. La poussière des routes était devenue trop légère et chaque souffle la soulevait. Ce n'était même plus un désir ; c'était une appréhension. La terre se gerçait de sécheresse comme pour plus d'accueil de l'eau[1]. »

Dans chaque homme, la mécanique du désir est la même. Je sens un manque. Et je suis pris d'un élan vers ce qui me permet de combler ce manque. Voici le premier paradoxe que Platon décèle dans le désir. Le désir vise sa propre disparition, car il vise à faire disparaître sa cause, le vide. La faim vise la satiété.

Désirs du corps et désirs de l'âme

Comment le vide peut-il, à lui seul, mettre les hommes en mouvement ? Déclenche-t-il un mouvement réflexe dans le corps ? Dans le *Philèbe*, Socrate s'insurge contre cette idée. Il va jusqu'à soutenir une thèse paradoxale : le corps n'a pas de désirs.

« Notre raisonnement nous conduit à conclure qu'il n'y a pas de désir du corps[2]. »

Nous sommes souvent convaincus, nous autres Modernes, que Platon blâme les désirs parce qu'ils découleraient du corps. Il a en réalité une approche plus subtile. Il souligne le rôle de l'imagination dans le désir. Le vide ne suscite un désir que s'il est accompagné de trois types de représentations supplémentaires. Tout d'abord, je dois considérer le vide comme un manque. Si je n'identifiais pas la simple absence comme une véritable carence je ne désirerais rien. Par exemple, je ne peux désirer une nouvelle automobile que si je me représente moi-même comme *privé* de cette automobile.

---

1. André Gide, *Les nourritures terrestres*, livre I, chapitre III.
2. *Philèbe*, 35 c, traduction citée, p. 141.

Ensuite, je dois considérer ce manque comme une source de souffrance. Par exemple, pour que je désire une nouvelle voiture, il faut que je perçoive ma vie sans cette voiture comme mesquine ou triste. Enfin, je dois me représenter un moyen de combler ce vide pour faire disparaître cette souffrance. Et voici la voiture qui me manque !

Des publicitaires platoniciens ?

La puissance des campagnes publicitaires souligne la pertinence de la thèse du *Philèbe*. Comme le montre Barthes[1], la publicité fournit au consommateur les représentations propres à susciter son désir d'acheter. Un spot publicitaire me fait prendre conscience qu'il manque à ma nourriture un aliment : la margarine. Il me montre que ce manque est une privation douloureuse : mon régime alimentaire n'est pas complet. Et il me présente la solution : acheter un pot de margarine. Les publicitaires contemporains seraient-ils des disciples de Platon ? Comme lui, ils savent qu'il faut s'adresser aux représentations – et donc à l'âme – pour susciter des désirs.

Platon est volontairement paradoxal. Le désir n'est pas un phénomène corporel mais un mouvement qui a sa cause dans la partie de nous-mêmes qui est capable de se représenter, d'évaluer et d'imaginer. C'est ce que tous les philosophes anciens appellent l'âme.

> « *L'élan, le désir et ce qui gouverne l'ensemble du vivant sont le fait de l'âme[2].* »

De la souffrance du manque au plaisir de la satiété

Platon appelle indifféremment « désirs » ce que nous, lecteurs modernes, distinguerions comme des besoins, des pulsions,

---

1. Cf. Roland Barthes, *Mythologies*, « L'opération Astra », Éditions du Seuil, collection « Points », Paris, 2008, p. 42-44.
2. *Philèbe*, 35 d, traduction citée, p. 141.

des passions, des souhaits, des volontés ou des projets. La soif et l'amour, l'ambition politique et la recherche scientifique, etc., tous ces phénomènes sont des désirs pour Platon. Ils sont des mouvements de la personne vers l'objet, mouvements qui partent d'une souffrance et parviennent à une satisfaction qui procure du plaisir :

> « *La faim et la soif, et en général les désirs, et aussi le vouloir et le souhait, tout cela n'appartient-il pas d'une certaine manière à ces espèces que nous venons de poser[1] ?* »

Faut-il en conclure que tous les désirs sont placés sur un pied d'égalité ? Pas du tout. Certes, dans de nombreux dialogues[2], Socrate commence par définir le désir. Il met alors en évidence les caractéristiques communes à tous les désirs. Mais, dans un deuxième temps, Socrate évalue les différents désirs à l'aune des peines dont ils proviennent et des plaisirs que leur satisfaction suscite. Le Socrate de Platon se garde alors de confondre tous les désirs. Au contraire, il les évalue toujours avec minutie. Et il les juge souvent sans bienveillance.

Platon, un censeur des désirs ?

Le cycle indéfini des désirs : bonheur pour les uns, malédiction pour Platon

Platon redoute d'abord le cercle vicieux dans lequel peut être entrainé celui qui désire. Le désir a sa source dans un vide qu'on cherche à combler. Seulement, une fois atteinte la satisfaction, le vide ne tarde par à réapparaître. Pour Calliclès, l'interlocuteur (et l'adversaire) de Socrate dans le *Gorgias*, le recommencement indéfini des désirs ne soulève de difficulté que pour ceux qui sont trop faibles pour satisfaire leurs désirs. Selon Calliclès, le bonheur

---

1. *République*, 437 b, traduction citée, p. 244.
2. *Cf.* la structure de la discussion dans le *Gorgias*, *Le Banquet*, la *République*, le *Phèdre* et le *Philèbe* par exemple.

consiste précisément dans la capacité à satisfaire indéfiniment tous ses désirs :

> « *Veux-tu savoir ce que sont le beau et le juste selon la nature ? Eh bien, je vais te le dire franchement ! Voici, si on veut vivre comme il faut, doit-on laisser aller ses propres désirs, si grands soient-ils, et ne pas les réprimer ? Au contraire, il faut être capable de mettre son courage et son intelligence au service de si grands désirs et de les assouvir avec tout ce qu'on peut désirer. Seulement, tout le monde n'est pas capable, j'imagine, de vivre comme cela*[1]. »

Socrate s'oppose à cette vision du désir et du bonheur. Pour lui, la renaissance constante des désirs est une source de souffrance et une imperfection. Pour Socrate, satisfaire constamment tous ses désirs, c'est mener la vie non d'un homme, mais d'une citerne[2]. On la remplit et on la vide. Sans fin. Sans but. Sans sens.

Le désir aux limites de l'absurde : le tonneau des Danaïdes

Platon et toute l'Antiquité usent d'une image fameuse pour montrer les aspects négatifs du désir. Axer son existence sur les désirs, c'est comme s'imposer à soi-même la punition infligée par les dieux à des personnages mythiques, les Danaïdes. Elles doivent remplir d'eau un tonneau sans fond. Pour le sens commun grec, comme pour Platon, satisfaire indéfiniment des désirs sans cesse renaissants, loin d'être le bonheur, est une malédiction.

Pour Platon, la mécanique même du désir menace la vie humaine de verser dans l'absurde.

---

1. *Gorgias*, 491 e, traduction Monique Canto-Sperber, GF-Flammarion, Paris, 1993, p. 229.
2. Pour une analyse plus détaillée de la rivalité potentielle entre amour et désir, *cf.* dans la même collection Catherine Merrien, *L'amour de Platon à Comte-Sponville*, Eyrolles, Paris, 2010, p. 22-23.

Le désir, ennemi de l'amour

Dans les désirs, Platon critique aussi leur tendance à dépasser les limites du raisonnable et finalement à se retourner contre l'être qui désire. Basé sur des représentations psychiques, le désir peut accroître perpétuellement son champ. C'est particulièrement le cas des désirs sexuels. En effet, ces désirs non seulement renaissent constamment mais, en outre, ils peuvent se porter sur de nouveaux êtres.

Don Juan ou la vie de démesure

Pour Platon, garder la mesure dans ses désirs est un comportement de bon sens. Au contraire, laisser libre cours à ses désirs est un signe de folie. Don Juan apparaît à l'opposé de l'idéal de mesure de la conception platonicienne de l'amour quand il déclare, dans la pièce de Molière : « *Il n'est rien qui puisse arrêter l'impétuosité de mes désirs, je me sens un cœur à aimer toute la terre ; et, comme Alexandre, je souhaiterais qu'il y eût d'autres mondes, pour y pouvoir étendre mes conquêtes amoureuses*[1]. »

Dans *Le Banquet*, Socrate met en garde contre les dangers du vagabondage amoureux et du nomadisme sexuel. Ils peuvent se retourner contre l'amour. À force de désirer sans cesse de nouveaux corps, je peux ne plus aimer personne. À force de désirer, j'oublie d'aimer.

La satisfaction des désirs, une source de plaisirs et de peines

Platon met en garde contre les conflits intérieurs suscités par les désirs.

Les désirs ne sont pas nécessairement cohérents entre eux. Je peux par exemple être écartelé entre deux désirs : d'une part, le désir de me goinfrer, qui me fait grossir, et, d'autre part, celui de séduire qui nécessite, lui, d'être mince et donc de manger

---

1. Molière, *Dom Juan*, Acte I, scène 2.

modérément. En somme, la satisfaction d'un désir peut être empoisonnée : elle donne du plaisir immédiatement et elle cause de la peine ultérieurement[1]. Socrate envisage même le cas où peines et plaisirs sont simultanés dans la satisfaction du désir.

Platon et les films d'horreur de la Hammer : un désir ambivalent

Le spectacle d'un film d'horreur (de la maison de production de la Hammer par exemple) met en jeu un désir ambigu car il montre la contradiction qui peut s'introduire entre deux désirs : le désir de repaître ses yeux d'un spectacle et le désir d'éviter des images repoussantes. L'ambivalence des plaisirs suscités par ces spectacles est soulignée par Socrate dans la *République :* *« Léontios remontait du Pirée en suivant le mur extérieur du Nord et il aperçut des cadavres qui gisaient au milieu des exécutions publiques. Il était à la fois pris du désir de regarder, et en même temps il était rempli d'aversion et se détournait de cette vue. Pendant un certain temps, il aurait résisté et se serait voilé le visage, mais finalement, subjugué par son désir, il aurait ouvert grand les yeux et, courant vers les suppliciés, il aurait dit : " Voilà pour vous génies du mal, rassasiez-vous de ce beau spectacle ! "[2] ».*

La multiplicité des désirs menace l'unité, la sérénité et la personnalité de l'individu. Pris entre les assauts de mes différents désirs, je peux oublier mon identité. Qui suis-je au juste ? Suis-je un gourmand qui court les grands restaurants ? Ou suis-je un sportif épris de grandes randonnées ?

L'âme sens dessus dessous

D'un point de vue éthique, la critique la plus forte de Platon à l'égard des désirs repose sur sa conception de l'âme humaine. Laissés à eux-mêmes, les désirs peuvent plonger l'âme dans le chaos. Pour

---

1. *Gorgias*, 496 e, traduction citée, p. 242.
2. *République*, 439 d traduction citée, p. 249.

le Socrate de la *République* et du *Phèdre*, le déchirement possible entre soi et soi-même (comme dans le cas du film d'horreur) montre que l'âme humaine n'est pas un bloc monolithique. Elle a plusieurs parties.

La première partie de l'âme est la raison. Elle a pour fonction de connaître et son objet est la vérité. La deuxième partie de l'âme a pour vocation de rechercher la justice et les honneurs. La dernière partie, appelée « désirante », veille à se procurer des biens matériels. Ces parties de l'âme sont hiérarchisées. Elles ont plus ou moins de valeur selon l'objet qu'elles poursuivent. La partie désirante est la partie ayant le moins de valeur pour Socrate :

> « *Nous n'aurions donc pas tort, repris-je, de soutenir qu'il s'agit de deux principes, et qu'ils diffèrent l'un de l'autre : l'un, celui par lequel l'âme raisonne, nous le nommerons le principe rationnel de l'âme ; l'autre, celui par lequel elle aime, a faim, a soif et qui l'excite de tous les désirs, celui-là nous le nommerons le principe dépourvu de raison et désirant, lui qui accompagne un ensemble de satisfactions et de plaisirs*[1]. »

De cette hiérarchie psychique, Socrate tire une hiérarchie éthique. L'individu sera bon et trouvera son unité quand il mènera une vie où il respectera la hiérarchie de son âme. Si c'est la partie la meilleure qui commande, il trouvera son unité et poursuivra des biens qui sont véritablement des biens. S'il donne le commandement à la partie désirante, il mettra son âme sens dessus dessous : ce qui doit obéir (les désirs) commandera à ce qui doit commander (la raison).

Platon et Stevenson ; Dr Jekyll et Mr Hyde

Dans une célèbre nouvelle, Robert Louis Stevenson met en scène un dédoublement de personnalité. Le jour, le bon docteur Jekyll soigne son prochain et développe les connaissances utiles à l'humanité. La

---

1. *République*, 439 d, traduction citée, p. 249.

nuit, son double, le terrible monsieur Hyde, se livre à des beuveries, fréquente les maisons closes et commet des crimes.

Cette figure désormais mythique illustre le dédoublement de personnalité que peut induire la libération des désirs. Elle souligne aussi que les désirs peuvent à tout moment prendre le dessus sur la raison : la domination progressive de Mr Hyde sur le Dr Jekyll en témoigne.

Désirs en délire : des obstacles à la connaissance

Le grief le plus grave de Platon contre les désirs est le fait qu'ils ne sont pas nécessairement liés à la connaissance de la vérité. Ils peuvent même y faire obstacle.

Les représentations à l'origine du désir ne sont pas toujours exactes. Par exemple, je peux me représenter telle boisson comme rafraîchissante alors qu'elle accroît ma soif en raison de sa teneur en sucre. Je peux croire que telle personne m'est indispensable alors qu'elle a une influence délétère sur moi.

Plus grave, la vie de désir éloigne de la vérité. Ainsi, dans le *Phédon*, Socrate, sur le point de mourir, incite-t-il ses amis à se méfier des désirs, car ils détournent de la philosophie :

> « *Or, la philosophie le discerne bien, ce qu'il y a de plus terrible dans cet emprisonnement (de l'âme par le corps), c'est qu'il est l'œuvre de l'appétit, de sorte que c'est l'enchaîné lui-même qui coopère de la manière la plus efficace à parfaire son état d'enchaîné*[1]. »

La figure paroxystique de l'illusion issue du désir est l'hallucination.

Le désir hallucinogène : Charlot et les poulets

Le cinéma est, par moments, platonicien à l'extrême. Surtout quand il matérialise les états d'âme par des

---

1. *Phédon*, 82 e, traduction Monique Dixsaut, GF-Flammarion, Paris, 1991, p. 248.

images. Dans une scène célèbre de *La ruée vers l'or* (1925), Charlot et son compagnon chercheur d'or souffrent d'une faim tenace. Sous l'empire du désir, le compagnon de Charlot commence à voir en celui-ci un poulet qu'il pourrait dévorer. L'hallucination du désir se matérialise : Charlot est remplacé à l'écran par un poulet géant.

Les désirs nuisent à l'individu qui les éprouve de multiples façons. Faut-il donc en conclure que Platon recommande de supprimer les désirs ? Ne nous laissons pas prendre à la dureté du réquisitoire platonicien. Il n'est dirigé que contre certaines formes du désir.

Connaître, choisir et élever le niveau de ses désirs

Distinguer le nécessaire et le superflu

Souvent, les adversaires de Socrate font comme Calliclès, ils laissent entendre que Socrate veut l'extinction des désirs. Ils accusent Socrate de vouloir nous faire vivre la vie de pierres ou de cadavres[1].

Mais, ce que demande Socrate à ses différents interlocuteurs, c'est seulement un peu de clairvoyance sur leurs propres désirs : tous les désirs ne se valent pas. La première recommandation de Socrate, c'est de montrer un peu de discernement et de séparer le nécessaire du superflu :

« *Voudrais-tu, dis-je, que pour éviter trop de confusion dans notre discussion, nous commencions par définir les désirs nécessaires et ceux qui ne le sont pas[2] ?* »

Les désirs nécessaires sont ceux dont la satisfaction est indispensable à notre santé. Les désirs non nécessaires sont ceux

---

1. *Gorgias*, 492c, traduction citée, p. 231.
2. *République*, 558 d, traduction citée, p. 425.

qui bouleversent la hiérarchie entre les parties de l'âme[1]. Un désir non nécessaire met la raison au service des désirs triviaux. C'est par exemple le cas des aspirations du gastronome[2].

La gastronomie, un cas limite pour Platon

Si le désir d'aliments sains est assurément un désir nécessaire, la gastronomie se situe dans un champ ambigu pour Platon. Elle met l'intellect au service de la satisfaction d'un désir de base : se nourrir. Elle inverse la hiérarchie entre les parties de l'âme. Le spectateur contemporain peut voir un cas de cette inversion dans le film *La grande bouffe* (1973). Les personnages de Philippe Noiret et Michel Piccoli portent un amour si insensé à la nourriture raffinée qu'ils en meurent, par une sorte de « suicide gastronomique ».

La distinction entre désir nécessaire et désir superflu est cruciale pour Platon. Elle sert de critère pour déterminer quels désirs il convient de satisfaire et à quel degré.

La tempérance : maîtriser ses désirs pour mieux les satisfaire

Platon appelle « tempérance », la capacité de choisir de façon éclairée ses désirs et leur degré de satisfaction :

> « *La tempérance est une certaine forme d'ordre harmonieux, elle est la maîtrise de certains plaisirs et désirs*[3]. »

Il est nécessaire et possible de tempérer, de modérer et de limiter ses désirs. Par exemple, en matière de désir érotique, on peut trouver un compromis entre l'abstinence complète d'un ascète et la gloutonnerie sexuelle d'un Don Juan.

---

1. *République*, 559 c, traduction citée, p. 427.
2. *Gorgias*, 465 c, traduction citée, p. 163.
3. *République*, 430 e, traduction citée, p. 233.

Le retour de la tempérance socratique :
Socrate et Comte-Sponville

Face à la multiplication des désirs encouragée par la société de consommation, plusieurs penseurs contemporains sentent la nécessité de valoriser la vieille vertu de tempérance. C'est le cas en économie avec des appels à la sobriété. C'est aussi le cas en morale, avec André Comte-Sponville :

« La tempérance – comme la prudence, et comme toutes les vertus peut-être – relève donc de l'art de jouir: c'est un travail du désir sur lui-même, du vivant sur lui-même. Elle ne vise pas à dépasser nos limites, mais à les respecter[1]. »

Pour Platon, il ne s'agit pas de tuer les désirs. Il s'agit d'organiser au mieux leur satisfaction, de façon intelligente, lucide et éclairée. Si la tempérance fait défaut à certains individus, la force peut être employée.

« Parmi les plaisirs et les désirs qui ne sont pas nécessaires, certains me semblent déréglés. Ils surgiront probablement en chacun mais ils sont réprimés par les lois[2]. »

Modérer les désirs et diffuser la tempérance grâce à la persuasion, à l'éducation et à la contrainte, voilà le programme de Platon. Il constitue une véritable « politique des désirs » exposée dans la *République*.

Le Bien, confus objet de tout désir

L'extrême diversité des objets de désirs n'est qu'une apparence. Tous les désirs tendent en fait vers un seul et même objet. À leur insu.

L'aveuglement des désirs sur leur véritable objet explique les difficultés et les paradoxes de la discussion sur l'amour engagée

1. André Comte-Sponville, *Petit traité des grandes vertus*, chapitre 4, Éditions du Seuil, collection « Points », Paris, 1995, p. 62.
2. *République*, 571 b, traduction citée, p. 445.

entre les convives mis en scène par Platon dans *Le Banquet*. Pourquoi paraît-il impossible de satisfaire durablement un désir amoureux ? Pourquoi, une fois satisfait, le désir sexuel renaît-il à l'identique ? En somme, pourquoi les désirs amoureux sont-ils toujours un peu décevants ? D'où la question, répétée dans plusieurs dialogues :

> « *Voyons, Socrate, celui qui aime, aime ce qui est bon ; mais qu'est-ce qu'il aime*[1] *?* »

La chasse perpétuelle du désir amoureux atteste une réalité qui concerne tous les désirs : ils ne sont jamais pleinement satisfaits car ils sentent confusément que l'objet véritable de leur désir leur échappe.

Parcours initiatique et conversion au désir véritable

Ce que tous les désirs visent, c'est ce qui paraît comme vrai, beau ou bon dans leur objet. Or, les objets de désir ne sont que partiellement vrais, beaux ou bons. Ce qui est réellement désiré c'est ce qui rend ces objets vrais, beaux ou bons. Pour Platon, c'est une Idée, l'Idée du Bien. C'est une réalité à part, un principe qui est la cause de l'existence, dans les êtres particuliers, de caractéristiques vraies, belles et bonnes.

Pour viser le véritable objet du désir, une véritable conversion est nécessaire : il faut élever son désir vers l'Idée du Bien. Seulement, cette conversion n'est ni aisée ni immédiate. Les hommes conçoivent en effet le désir d'une façon trop étroite :

> « *L'amour de ce qui est beau n'est pas tel que tu l'imagines*[2]. »

C'est pourquoi un parcours initiatique est indispensable. Les désirs ne s'élèvent que de façon graduelle et progressive. C'est ce que Socrate propose aux convives du dialogue *Le Banquet*. Il faut porter ses désirs sur les beaux corps, puis sur les belles actions,

---

1. *Le Banquet*, 204 e, traduction citée, p. 145.
2. *Le Banquet*, 206 e, traduction citée, p. 150.

ensuite sur les beaux discours, puis sur les beaux esprits, etc., sans jamais s'arrêter sur un objet beau particulier. Cette élévation progressive du désir peut permettre, d'accéder au désir du Bien.

Platon à Berlin :
le désir ailé dans les courants d'air ascendants
Pour Platon, le désir amoureux est particulièrement révélateur à la fois des limites et des potentialités du désir humain. Il est souvent déçu. Mais il peut être converti vers des objets de plus en plus élevés. C'est pour cette raison que Platon décrit le désir amoureux comme un être ailé. Grâce à ses ailes, le désir peut papillonner mais il peut aussi s'envoler vers des objets de plus en plus désirables.
Pour les spectateurs contemporains, cette image du désir s'incarne dans le célèbre film de Wim Wenders, *Les ailes du désir* (1987), où le désir prend la figure d'un ange. Au cycle indéfini du désir habituel, Platon substitue une spirale ascendante vers ce qui est le plus désirable : la sagesse.

Philosophie des désirs et désir de philosophie
Loin de condamner tout désir, Platon définit en termes de désir l'activité qu'il considère comme la plus haute : la philosophie. La philosophie – littéralement « amour de la sagesse » – est un désir ardent de savoir le vrai, de connaître le bon et de contempler le beau.

> « *Par conséquent, le philosophe lui aussi, nous dirons qu'il est possédé du désir de la sagesse non pas de tel ou tel élément, mais de la sagesse tout entière*[1]. »

Platon passe d'une philosophie des désirs à la définition de la philosophie comme désir. Mais la philosophie est un désir très spécial, supérieur à tous les autres. Le passage des désirs ordinaires au désir de sagesse n'est pas sans difficultés. Il remet

---

1. *République*, 475 b, traduction citée, p. 303.

en cause bien des analyses de Platon lui-même sur le désir. Certes, le désir de sagesse est dû à un vide. Mais en matière de sagesse, la satiété est hors de portée. Le désir de sagesse n'est pas non plus astreint aux limites de la tempérance. De sorte qu'on peut s'interroger : la philosophie est-elle encore un désir humain ? On peut douter que la satisfaction de ce désir soit à notre portée. Platon lui-même exprime ce doute à la fin du *Banquet* :

> « *Mais la révélation suprême et la contemplation, qui en sont également le terme quand on suit la bonne voie, je ne sais si elles sont à ta portée.* »

Pour finir...

La connaissance et l'usage des désirs constitue un enjeu concret et fondamental. Selon le type de désir que je privilégie, je me destine à mener tel ou tel genre de vie. La sélection des désirs est un choix existentiel. Littéralement.

Pour Platon, trois types de vie sont possibles. Tous les trois sont axés sur la satisfaction de désirs différents. Le premier type d'existence est la vie matérielle axée sur le désir de richesses – celle de l'homme d'affaires. Le deuxième type d'existence est la vie politique axée sur le désir de pouvoir – celle de l'homme politique. Le troisième type d'existence est la vie axée sur le désir de vérité – celle du philosophe et du scientifique. C'est celle que Platon recommande. Toute la difficulté est que le désir de vérité échappe aux logiques habituelles des désirs ordinaires. La vie philosophique peut sembler hors de portée. En matière de désir, Platon nous donne un conseil bien difficile à suivre.

2 /

Épicure

ou la science des désirs

Pour commencer...

La vie d'Épicure est bien différente de ce celle d'un jouisseur.
Épicure naît en 342 avant notre ère, dans une famille modeste
de citoyens athéniens installés comme colons à Samos, une île
proche de la Turquie actuelle. Son milieu n'est pas celui des élites
économiques et politiques où évolue Platon. Épicure a la jeunesse
ordinaire d'un provincial de condition moyenne : il est éduqué par
un maître de formation platonicienne et rejoint Athènes à 18 ans
pour y faire son service militaire. À la fin de celui-ci, il connaît
l'exil et une certaine pauvreté : les biens de sa famille ont été
confisqués par les habitants de Samos en révolte contre Athènes.
Il erre alors de ville en ville et entame une carrière intellectuelle : il
s'initie aux théories atomistes de Démocrite, puis regroupe autour
de lui des amis pour créer une école près de l'actuelle Istanbul.

Épicure revient à Athènes pour fonder un centre épicurien dans
la cité qui est la capitale intellectuelle du monde grec. Dans ce
but, il acquiert un jardin, en -306, à l'extérieur des remparts de
la ville. Son « école du jardin » attire à elle des mathématiciens et
des physiciens réputés. Elle rassemble également des femmes et
des esclaves, ce qui suscite bien des critiques.

Jusqu'à sa mort, en -270, Épicure mène une vie de labeur frugal :
il écrit abondamment et anime un réseau d'écoles dans le bassin
méditerranéen. Après sa disparition, ses doctrines se diffusent
largement. Elles deviennent influentes tout particulièrement
à Rome, au 1er siècle avant notre ère, où Lucrèce[1] détaille les
théories du maître dans un long poème didactique écrit en latin :
De la nature[2]. Les références à ce texte nous sont aujourd'hui
bien utiles car les textes d'Épicure qui nous sont parvenus sont
peu nombreux et fort brefs.

Quel contraste entre la vie d'un Platon et celle d'un Épicure ! À la
différence du fondateur de l'Académie, le « sage du jardin » ne
semble pas mû par le désir ardent de jouer un rôle public. La cité

1. Les éléments sur la vie de Lucrèce qui nous sont parvenus sont rares et sujets à
caution.
2. Le titre latin est *De natura rerum* qu'on peut aussi traduire par *De la nature des
choses*.

grecque, terrain d'élection des désirs politiques, cède la place à des monarchies issues des conquêtes d'Alexandre le Grand. La vie d'Épicure paraît axée sur des désirs simples et circonscrits : vivre dans une petite communauté harmonieuse qui se consacre aux recherches physiques et éthiques, à l'écart des affaires de la cité.

Renoncer aussi bien aux désirs fous qu'à l'absence de désirs

Satisfaire ses désirs pour atteindre le bonheur

Pour Épicure, le désir de plaisir occupe une place centrale dans la vie des hommes. Réaliser ses désirs et en tirer plaisir, voilà le bonheur !

> « *Le plaisir est le principe et la fin de la vie bienheureuse. Car c'est le plaisir que nous avons reconnu comme le bien premier et congénital et c'est à partir de lui que nous commençons à choisir et à refuser*[1]. »

Fondamentalement, l'épicurisme est un hédonisme : le plaisir donné par la satisfaction des désirs est le bien fondamental en fonction duquel les hommes désirent, font des choix quotidiens et même orientent toute leur existence.

L'épicurisme est un hédonisme et un eudémonisme

L'hédonisme est un courant philosophique qui attribue une valeur primordiale au plaisir (*hédonè* en grec ancien). Certains courants lui donnent une valeur absolue : pour eux tout plaisir est bon en soi. D'autres courants hédonistes donnent au plaisir une valeur seulement relative : certains plaisirs sont bons dans certaines circonstances et sous certaines conditions. D'autres désirs sont néfastes.

---

1. *Lettre à Ménécée*, § 129, in *Lettres, maximes, sentences*, trad., introduction et notes de Jean-François Balaudé, Le Livre de Poche, 1994, p. 194-195.

L'eudémonisme est un ensemble de tendances philosophiques pour lesquelles le bonheur (*eudaimonia* en grec ancien) est le but légitime de la vie humaine. Les différents eudémonismes ne sont pas nécessairement en accord sur ce qui constitue le bonheur (vie de plaisirs, vie de vertu, etc.). Mais ils convergent sur l'idée que la fin de la vie humaine est d'atteindre le bonheur. L'épicurisme est à la fois un hédonisme et un eudémonisme.

Combattre ce qui entrave la satisfaction des désirs

La philosophie épicurienne a pour but de donner aux hommes les moyens de parvenir à la satisfaction des désirs. Cet objectif n'est pas aisé à atteindre. La réalisation de nos désirs est en effet entravée de multiples façons.

Pour Épicure, nos désirs sont généralement bridés par quatre freins. Son but est de nous affranchir de ces quatre principales entraves en nous donnant quatre remèdes. Toute la philosophie d'Épicure tient dans ce « quadruple remède » :

> « *Il n'y a rien à craindre des dieux*
> *Il n'y a rien à craindre de la mort*
> *On peut atteindre le bonheur*
> *On peut supporter la douleur*[1]. »

Si on analyse précisément ce quadruple remède et qu'on s'en imprègne, on franchit une première étape vers la satisfaction des désirs.

Les dieux n'interfèrent pas avec nos désirs

Le premier obstacle à la satisfaction tranquille de nos désirs est d'ordre religieux. Les hommes croient souvent que la satisfaction de leurs désirs dépend de forces divines : pour satisfaire ses désirs, il faudrait se concilier les dieux. Inversement, les désirs des hommes seraient contrecarrés par les désirs des dieux.

---

1. Diogène d'Oenanda, épicurien du IIe siècle, fit graver cette maxime sur un portique en Cappadoce, région de la Turquie actuelle.

« Il faut bien penser que le trouble capital pour les âmes des hommes tient à ce qu'ils forgent l'opinion que ces réalités sont bienheureuses et incorruptibles et ont aussi en même temps des volontés, des actions, des causes, qui sont contraires à ces caractères, et il tient également à ce qu'ils s'attendent toujours – ou redoutent – à quelque chose d'éternellement terrible, en raison des mythes (...)[1] »

Épicure revendique un point de vue non religieux sur les désirs. Les dieux sont des êtres parfaits et autosuffisants qui n'interfèrent pas avec l'existence humaine. Ils n'ont rien à voir avec la satisfaction ou la frustration de nos désirs. Ainsi, son disciple Lucrèce écrit :

« La nature absolue des dieux doit tout entière
Jouir de l'immortalité dans la paix suprême,
A l'écart, bien loin des choses de ce monde :
Exempte de souffrances, exempte de périls,
Forte de ses ressources, sans nul besoin de nous,
Elle est insensible aux faveurs, inaccessible à la colère[2]. »

Les épicuriens s'opposent frontalement aux conceptions traditionnelles des dieux et de la piété :

« Car les affirmations de la multitude concernant les dieux ne sont pas des prénotions, mais des suppositions fausses. De là l'idée que les plus grands dommages – accusations contre les méchants – sont amenés par les dieux, ainsi que les bienfaits[3]. »

Les épicuriens récusent l'idée que les désirs humains doivent être jugés, corrigés ou supprimés en fonction de normes édictées par les dieux, les clergés ou les religions.

---

1. *Lettre à Hérodote*, § 81, traduction citée, p. 172.
2. Lucrèce, *De la nature*, traduction, introduction et notes de José Kany-Turpin, GF-Flammarion, 1998, livre I, vers 45-40, p. 55.
3. *Lettre à Ménécée*, § 124, traduction citée, p. 192.

Piété et satisfaction des désirs

Dans les épopées et les tragédies de l'Antiquité, les désirs des dieux déterminent le succès ou la frustration des désirs des hommes. Les héros qui réalisent leurs désirs sont ceux qui se concilient les dieux par des sacrifices. C'est le cas d'Énée dans l'*Énéide* de Virgile : son désir de créer une nouvelle cité, Rome, est appuyé par le désir des dieux, notamment de Vénus.

Les héros malheureux sont ceux dont les désirs heurtent ceux des dieux. C'est le cas d'Ulysse qui est tenu en exil durant toute l'*Odyssée* pour avoir offensé Poséidon.

Renoncer au désir d'éternité

Pour satisfaire nos désirs et atteindre le bonheur, Épicure nous invite à lever un deuxième obstacle. La satisfaction de nos désirs est fréquemment perturbée par la peur de la mort :

> « *La multitude fuit la mort tantôt comme le plus grand des maux tantôt comme la cessation des fonctions vitales[1].* »

Cette crainte indique que nous avons en fait des désirs fous : le désir de satisfaire indéfiniment nos désirs, le désir de ne jamais souffrir et le désir de ne jamais mourir. La crainte de la mort n'est que la figure inversée de notre désir d'éternité. Ce désir est aussi répandu qu'absurde.

Le désir d'éternité : entre mythe et philosophie

Les fables sur la quête de l'immortalité sont anciennes et nombreuses. Elles peuvent prendre la forme de films d'aventures contemporains comme *Indiana Jones et la dernière croisade* (1989) : les protagonistes y luttent pour obtenir le Graal, censé leur conférer la vie éternelle. Pour le philosophe Ferdinand Alquié[2], le désir d'éternité

---

1. *Lettre à Ménécée*, § 125, traduction citée, p. 193.
2. Ferdinand Alquié, *Le désir d'éternité*, PUF, collection « Quadrige », Paris 1993, 1re partie : « Le refus affectif du temps et l'illusion de l'éternité », p. 200.

revêt de multiples visages : désir de gloire après la mort, désir de fonder une lignée, etc. Mais il s'agit d'une tendance universelle.

Pour les épicuriens, le désir d'immortalité correspond au désir de satisfaire indéfiniment ses désirs. Or, le désir n'est pas plus ou mieux satisfait s'il l'est indéfiniment. Au contraire, un cercle indéfini des désirs satisfaits relève d'une moindre satisfaction du désir :

> « *Enfin, pourquoi trembler si fort dans les dangers ?*
> *De quel piètre amour de la vie sommes-nous donc*
> *esclaves ?*
> *Un terme est pourtant fixé à la vie des mortels :*
> *Impossible d'esquiver la mort, il faut se rendre.*
> *Et puis l'on tourne en rond à rester toujours là*
> *Et nul plaisir nouveau ne vient frapper la vie*[1]. »

Le deuxième remède apporté par l'épicurisme est de dissiper le désir d'immortalité et son corollaire, la crainte de la mort. La mort ne nous est rien car elle est seulement une privation définitive de sensibilité :

> « *Accoutume-toi à penser que la mort, avec nous, n'a aucun rapport : car tout bien et tout mal résident dans la sensation : or, la mort est privation de sensation. Il s'ensuit qu'une connaissance correcte du fait que la mort, avec nous, n'a aucun rapport, permet de jouir du caractère mortel de la vie, puisqu'elle ne lui impose pas un temps inaccessible mais lui retire le désir de l'immortalité*[2]. »

Ne plus désirer l'immortalité, c'est avancer considérablement sur la voie de la satisfaction des désirs :

---

1. Lucrèce, *De la nature*, livre III, vers 1076-1081.
2. *Lettre à Ménécée*, § 124, traduction citée, p. 192.

Le sage, lui, ne craint pas la non-vie, car la vie ne l'accable pas, et il ne pense pas que la non-vie soit un mal[1]. »

De façon symétrique, il n'y a pas non plus à désirer être mort. Épicure est diamétralement opposé à une morale selon laquelle la fin du désir doit être recherchée grâce à la mort.

« Il est encore plus vil celui qui dit qu'il est bien de ne pas être né[2]. »

Deux positions symétriques sur le désir

Être épicurien, c'est récuser un certain nombre d'attitudes négatives vis-à-vis du désir. La réalisation de mon désir n'a pas à être subordonnée aux volontés, aux caprices ou aux règles des dieux. Si je désire telle ou telle nourriture, je n'ai pas à me demander si cela contrarie une divinité. Mais je dois mettre une première limite à mes désirs : je ne dois pas chercher à les satisfaire indéfiniment car le désir d'éternité est absurde. Il est parfaitement légitime de viser la satisfaction des désirs et d'en faire un objectif de vie.

En matière de désirs, l'épicurisme se caractérise par deux positions symétriques : d'une part, il faut cesser d'orienter ses désirs vers l'impossible (la faveur des dieux, l'immortalité) et, d'autre part, il convient de ne pas renoncer à satisfaire ses désirs. C'est pour cette raison que le but est d'atteindre l'absence de peines pour le corps et l'absence de troubles pour l'âme. Cet objectif peut sembler bien modeste. Mais c'est un premier objectif : débarrasser les désirs de ce qui trouble leur satisfaction.

« Mais l'ataraxie consiste à être affranchi de tous ces troubles et à garder continuellement en mémoire les éléments généraux et capitaux[3]. »

---

1. *Lettre à Ménécée*, § 126, traduction citée, p. 193.
2. *Ibidem*, § 126, traduction citée, p. 193.
3. *Lettre à Hérodote*, § 81, traduction citée, p. 173.

Absence de peine et absence de trouble

Les premiers objectifs épicuriens prennent une forme négative : il convient de se débarrasser de ce qui empêche la satisfaction des désirs.

Le premier but est donc l'absence de souffrance du corps ou *aponie*. Le deuxième but est l'absence de trouble de l'âme ou *ataraxie*.

L'apparente modestie de ces objectifs ne doit pas nous faire oublier que leur atteinte n'est qu'une première étape vers une satisfaction pleine des désirs : le bonheur.

L'aponie et l'ataraxie ne sont qu'en apparence des idéaux d'ascétisme. Pour Épicure, l'absence de peine et de trouble n'a pas de valeur absolue. Elle a une valeur conditionnée : elle est la condition de préparation du plaisir réel et du bonheur.

Vaincre l'ignorance pour mieux désirer

Dissiper l'ignorance, première victoire du désir

L'épicurisme ne se réduit pas à une sagesse des désirs. Il comporte une théorie des dieux, du monde et de l'âme. C'est que, pour dissiper réellement et durablement ce qui trouble la satisfaction du désir, il faut se guérir du plus grand ennemi du désir : l'ignorance. Épicure développe toute une conception de l'univers dans un but éthique : satisfaire sans trouble nos désirs.

> « *Nous découvrirons de façon correcte la cause d'où provenaient le trouble et la peur et nous nous affranchirons, en raisonnant sur les causes des réalités célestes et de tout le reste qui en permanence advient, de toutes ces choses qui effraient les autres hommes au dernier degré[1].* »

---

1. *Ibidem*, § 83, traduction citée, p. 173.

Les lettres d'Épicure

Le lecteur moderne d'Épicure peut être surpris. Du « maître du jardin » comme on appelle couramment Épicure, il ne reste que trois lettres courtes et presque entièrement consacrées à des questions de physique ou de métaphysique.

Les lettres sont des mémentos adressés aux chefs d'école du réseau épicurien et qui résument les très longs traités écrits par Épicure. Elles sont adressées à différents disciples d'Épicure : Hérodote, Pythoclès et Ménécée.

Pour son lointain disciple latin Lucrèce, Épicure est un libérateur du désir dans le sens où il débarrasse le désir de ce qui trouble sa satisfaction en libérant les hommes des croyances fausses qui les perturbent et orientent mal leurs désirs. C'est pour cette raison que les épicuriens chantent de nombreuses louanges à Épicure libérateur :

> « *Le prestige des dieux ni la foudre ne l'arrêtèrent,*
> *Non plus que le ciel de son grondement menaçant,*
> *Mais son ardeur fut stimulée au point qu'il désira*
> *Forcer le premier le verrou de la nature.*
> *Donc la vigueur de son esprit triompha, et dehors*
> *S'élança, bien loin des remparts enflammés du monde*[1]. »

Une conception de la nature à la mesure du désir humain

La thèse fondamentale de la physique épicurienne est que l'intégralité de l'univers est composée des deux mêmes principes : l'atome et le vide. Les êtres se distinguent les uns des autres uniquement par la forme des atomes qui les composent, par l'ordre dans lesquels ils s'agencent et par la position qu'ils ont dans chaque être. Le seul non-être est le vide qui, mêlé aux atomes, influe sur la constitution des êtres.

---

1. *De la nature*, traduction citée, livre I, vers 68-73, p. 57.

Le système physique élaboré par Épicure est fort complexe et très détaillé[1]. Il aura de plus une longue postérité. Mais, par-delà son contenu, il a des conséquences très importantes sur la conception du désir.

L'objet du désir est toujours le même
Comme tout est atome ou vide, il n'est pas possible, pour le désir, de porter sur autre chose qu'une combinaison d'atomes et de vide. Ainsi, les désirs des hommes portent toujours, fondamentalement, sur le même type d'être.
Il n'y a pas de sens à hiérarchiser les désirs en fonction de la noblesse de ce sur quoi ils portent, comme le fait Platon. Il n'y a pas de sens à dire que désirer manger un morceau de pain est plus ou moins noble que désirer écouter un morceau de musique. L'épicurisme est en profonde opposition avec une hiérarchie entre désirs matériels et désirs intellectuels.

L'épicurisme des *Femmes savantes* de Molière
Dans *Les femmes savantes*, Molière met en scène l'opposition classique entre deux types de désir. Il personnifie les types de désirs dans un couple de sœurs. D'un côté, Henriette désire les joies solides de la vie de couple. De l'autre côté, Armande proclame qu'elle n'aspire qu'aux biens spirituels de la science. Pour elle, l'objet de son désir est plus noble que celui de sa sœur :
« Laissez aux gens grossiers, aux personnes vulgaires,
Les bas amusements de ces sortes d'affaires,
A de plus hauts objets élevez vos désirs,
Songez à prendre goût des plus nobles plaisirs
Et, traitant de mépris les sens et la matière,
A l'esprit, comme nous, donnez-vous toute entière.[2] »
Molière critique vivement ce désir de science qui se proclame lui-même supérieur au désir de vie. Sa

---

1. Pour une étude de la physique épicurienne *cf.* dans la même collection Cyril Morana et Éric Oudin, *La liberté, d'Épicure à Sartre*, chapitre 1, p. 13-23.
2. Molière, *Les femmes savantes*, acte I, scène 1, vers 31-36.

critique des désirs spirituels exclusifs est profondément inspirée par l'épicurisme. Molière est un épicurien de premier plan.

Ce qui désire en l'homme : une âme matérielle

L'autre conséquence importante du système physique d'Épicure est que ce qui éprouve le désir est toujours de nature corporelle. L'âme est en effet pour lui une instance corporelle :

> « *Ceux qui affirment que l'âme est incorporelle parlent en l'air*[1]. »

Toutes les opérations attribuées à l'âme (pensée, vision, sensation, désir, etc.) sont matérielles. Les désirs n'échappent pas à cette logique. En conséquence, pour un épicurien, il est absurde d'opposer deux forces désirantes, l'une corporelle, l'autre spirituelle. Ce qui désire manger en moi est de même nature que ce qui désire connaître.

Les désirs ne peuvent être ni évalués, ni critiqués, ni hiérarchisés en fonction de la nature de ce qui désire en nous, ni même en fonction de la nature de ce qui est désiré. Pourtant, tous les désirs ne se valent pas : Épicure établit une classification et une hiérarchisation des désirs selon des critères différents de ceux de la tradition platonicienne.

Le désir de plaisir est-il un absolu ?

Si la recherche du bonheur est conçue comme la satisfaction des désirs, faut-il en conclure que le bonheur consiste dans la satisfaction de tous les désirs ?

L'aspiration au plaisir, une force universelle

Les hommes et, par-delà, l'univers entier sont mus par l'aspiration au plaisir. Le désir de plaisir est la force structurante de l'être

---

1. *Lettre à Hérodote*, § 67, traduction citée, p. 165.

humain et, plus largement, de tous les êtres naturels de l'univers. Le désir est une force cosmique naturelle et fondamentale. Dans son ode à Vénus, qui personnifie l'aspiration universelle et cosmique au plaisir, Lucrèce écrit :

« *Tu es seule à régir la nature*[1]. »

Tous les désirs ne doivent pas être satisfaits

Toutefois, tout désir ne doit pas nécessairement être satisfait sur-le-champ.

« *Donc, tout plaisir, parce qu'il a une nature appropriée, est un bien, et cependant tout plaisir n'est pas à choisir*[2]. »

Épicure prend la mesure des difficultés de la satisfaction des désirs. La première difficulté est que tous les désirs ne peuvent pas être satisfaits en même temps. Ils peuvent être contradictoires entre eux. Par exemple, comment satisfaire à la fois le désir de séduire et le désir de vivre à deux ?

Désir de séduire et désir de vivre à deux

Les désirs amoureux sont si complexes qu'ils peuvent entrer en tension les uns avec les autres. Le romancier et cinéaste contemporain Alexandre Jardin met en scène l'affrontement entre désir de séduction et désir de vie de couple dans *Fanfan*[3]. Son héros repousse continuellement la satisfaction du désir de vivre à deux pour prolonger indéfiniment le désir de séduire et pour éviter la déception de la routine de la vie de couple.

Autre difficulté inhérente à la satisfaction des désirs : celle-ci n'est pas nécessairement source de plaisir. La satisfaction des désirs n'est pas un absolu parce qu'elle peut aussi être une source de souffrance.

---

1. *De la nature*, livre I, vers 21, traduction citée, p. 55.
2. Épicure, *Lettre à Ménécée*, § 129, traduction citée, p. 195.
3. Alexandre Jardin, *Fanfan*, Gallimard 1990 et film 1993.

« *Nous disons que le plaisir est le principe et la fin de la vie bienheureuse. Car c'est le plaisir que nous avons reconnu comme le bien premier et congénital, et c'est à partir de lui que nous commençons à choisir et refuser, et c'est à lui que nous aboutissons, en jugeant tout bien d'après l'affection prise comme règle. Et c'est parce que c'est là le bien premier et connaturel, pour cette raison nous choisissons tout plaisir ; mais il y a des cas où nous passons par-dessus de nombreux plaisirs chaque fois qu'un désagrément plus grand résulte pour nous de ces plaisirs[1].* »

L'épicurisme recommande la satisfaction des plaisirs d'une façon lucide. Les désirs sont à satisfaire quand ils procurent un plaisir durable qui n'est pas éclipsé par la souffrance qu'ils procurent. Les désirs doivent être satisfaits mais il peut y avoir des arbitrages à faire entre les différents désirs.

Épicure ne recommande pas de satisfaire tous les désirs dès qu'ils apparaissent. Il recommande une satisfaction raisonnée des désirs.

Carpe diem et l'épicurisme

On considère souvent que l'épicurisme est de se hâter de satisfaire ses désirs avant l'arrivée de la mort. Ces vers célèbres de Ronsard passent souvent pour le mot d'ordre de l'épicurisme :

« *Vivez, si m'en croyez, n'attendez à demain : Cueillez dès aujourd'hui les roses de la vie[2].* »

On peut ici mesurer la distance entre l'épicurisme au sens courant et l'épicurisme philosophique. Le philosophe épicurien conseillerait au contraire de ne pas se hâter de satisfaire ses désirs pour bien réfléchir à ceux qu'il faut satisfaire : « *Le principe du plus grand bien est la prudence.[3]* »

---

1. *Lettre à Ménécée*, § 129, traduction citée, p. 195.
2. Ronsard, *Sonnets pour Hélène*, livre II, sonnet XLII.
3. *Lettre à Ménécée*, § 132, traduction citée, p. 196.

Une classification des désirs

Tous les désirs ne se valent pas car il y a désir et désir :

> « *Parmi les désirs, certains sont naturels, d'autres vides, et parmi les désirs naturels, certains sont nécessaires, d'autres seulement naturels ; et parmi les désirs nécessaires, certains sont nécessaires au bonheur, d'autres à l'absence de perturbations du corps, d'autres à la vie même[1].* »

Le premier critère de distinction des différents désirs, c'est leurs conséquences. Sont à satisfaire tous les désirs indispensables à la vie et les désirs dont la satisfaction permet d'accéder à l'absence de peines du corps, à l'absence de troubles de l'âme, autrement dit au bonheur :

> « *Ainsi donc, lorsque nous disons que le plaisir est la fin, nous ne voulons pas parler des plaisirs des gens dissolus ni des plaisirs qui se trouvent dans la jouissance, comme le croient certains qui, par ignorance sont en désaccord avec nous ou font à nos propos mauvais accueil, mais de l'absence de douleur en son corps, et de trouble en son âme[2].* »

Épicure et le fanatisme du désir

Plusieurs philosophes contemporains ont souligné la distance entre la philosophie d'Épicure et le fanatisme du désir. Pour André Comte-Sponville, la philosophie d'Épicure atteint un de ses sommets dans la compréhension de la tempérance. La classification des désirs n'a pas d'autre fonction que de nous permettre de mieux jouir : « *Quoi de plus simple que d'étancher une soif ? Quoi de plus facile à satisfaire – sauf misère extrême – qu'un ventre ou qu'un sexe ? Quoi de plus limité, et de plus heureusement limité, que nos désirs naturels et nécessaires[3] ?* »

1. *Ibidem*, § 127, traduction citée, p. 194.
2. *Ibidem*, § 132, traduction citée, p. 196.
3. André Comte-Sponville, *Petit traité des grandes vertus*, chapitre 4 « la tempérance », Éditions du seuil, collection « Points », Paris, 1995, p. 62.

Désirs naturels et nécessaires

Les désirs naturels nécessaires sont ceux dont l'insatisfaction cause de la douleur et dont l'absence totale de satisfaction entraînerait la fin de l'agrégat que nous sommes :

« Les saveurs simples apportent un plaisir égal à un régime de vie profus, dès lors que toute la douleur venant du manque est supprimée ; et le pain et l'eau donnent le plaisir le plus élevé, dès que dans le besoin on les prend[1]. »

En somme, les satisfaire n'est rien d'autre qu'éviter les sources de disparition de l'aponie et de l'ataraxie. Il s'agit de désirs bien simples à satisfaire :

« Une observation sans détour de ces distinctions sait rapporter tout choix et tout refus à la santé du corps et à l'ataraxie, puisque telle est la fin de la vie bienheureuse ; car ce pour quoi nous faisons toutes choses, c'est ne pas souffrir et ne pas être dans l'effroi ; et une fois que cela se réalise en nous, se dissipe toute la tempête de l'âme, puisque le vivant n'a pas à se diriger vers quelque chose comme si cela lui manquait, à la recherche de ce qui permettrait au bien de l'âme et à celui du corps d'atteindre la plénitude ; en effet, c'est à ce moment que nous avons besoin d'un plaisir, lorsque nous souffrons par suite de l'absence de plaisir ; mais lorsque nous ne souffrons pas, nous n'avons plus besoin du plaisir[2]. »

Désirs vains et désirs vides

Les désirs comme la faim et la soif sont aisés à satisfaire. Au contraire, les désirs non naturels et non nécessaires sont, eux, particulièrement difficiles à réaliser. Ils portent en effet sur du non-être.

1. *Lettre à Ménécée*, § 131, traduction citée, p. 195.
2. *Ibidem*, § 128, traduction citée, p. 194.

> « *Ce qui est naturel est tout entier facile à se procurer, mais ce qui est vide, difficile*[1]. »

Le premier désir vain, c'est la satisfaction à l'infini des désirs.

> « *Insatiable, non pas le ventre, comme la plupart des gens le disent, mais l'opinion fausse sur l'indéfini rassasiement du ventre*[2]. »

Autre désir vain, le désir de richesse sans limite :

> « *La richesse de la nature est à la fois bornée et facile à atteindre ; mais celle des opinions vides se perd dans l'illimité*[3]. »

L'amour lui-même est un désir vain[4]. Il est vain parce qu'il ne peut pas être assouvi et ne permet pas une satisfaction stable. Comme le souligne le romancier Albert Cohen dans *Belle du seigneur*, l'amour ne peut pas atteindre la satisfaction car la fusion entre les êtres est impossible.
L'amour se heurte à des bornes impossibles :

> « *Tu m'apprends que le mouvement de ta chair est fort généreux pour la relation amoureuse : pour ce qui te concerne, si tu ne renverses pas les lois, si tu n'ébranles pas les bonnes coutumes en place, si tu n'affliges pas l'un de tes proches, si tu n'épuises pas ta chair et si tu ne sacrifies pas les nécessités vitales, exerce ton penchant à ta guise ; il est toutefois impossible de ne pas se trouver soumis à l'un de ces inconvénients : les choses de l'amour en effet ne sont jamais profitables, et il faut se réjouir qu'elles ne nous nuisent pas*[5]. »

---

1. *Ibidem*, § 130, p. 195.
2. Sentence 59, traduction citée, p. 217.
3. Maxime XV, traduction citée, p. 202.
4. Pour une analyse plus détaillée de l'incompatibilité entre désir épicurien et passion amoureuse *cf.* dans la même collection Catherine Merrien, *L'amour, de Platon à Comte-Sponville*, Eyrolles, Paris, 2009, p. 35.
5. Sentence 51, traduction citée, p. 216.

**Le *Candide* de Voltaire
et l'incarnation des idéaux épicuriens**

Dans son conte philosophique *Candide*, Voltaire met en scène l'opposition entre la ronde illimitée des désirs et l'idéal épicurien. Son héros, Candide, a couru le monde à la recherche de la satisfaction de tous les désirs : désir d'amour, de gloire, de richesse, de connaissance, etc.

À la fin de son périple, Candide se retrouve sans passion amoureuse, sans connaissance bien précise et dans une certaine gêne matérielle. Pour Voltaire, c'est l'incarnation de l'idéal de vie épicurien : une satisfaction limitée de désirs circonscrits : *« Cela est bien dit, répondit Candide, mais il faut cultiver notre jardin*[1]. »

Satisfaire ses désirs avec discernement

Le bonheur épicurien comme réplétion

Le bonheur consiste à satisfaire ses désirs jusqu'à réplétion. Il s'agit de se trouver comme un vase rempli qu'aucun liquide supplémentaire ne peut compléter :

> *« Il faut donc avoir le souci de ce qui produit le bonheur, puisque s'il est présent nous avons tout, tandis que s'il est absent nous faisons tout pour l'avoir*[2]. »

Ainsi, l'homme se trouve dans une situation de suffisance. Il se suffit à lui-même :

> *« La suffisance à soi est un grand bien, non pas pour faire dans tous les cas usage de peu de choses, mais pour faire en sorte, au cas où nous n'aurions pas beaucoup, de faire usage de peu, étant authentiquement convaincus*

---

1. Voltaire, *Candide*, chapitre 30.
2. *Lettre à Ménécée*, § 122, traduction citée, p. 191.

que jouissent avec le plus de plaisir de la profusion ceux qui ont le moins besoin d'elle[1]. »

L'idéal épicurien est loin d'un bonheur jouisseur et effréné.

« Ce ne sont pas les banquets et les fêtes ininterrompues, ni les jouissances que l'on trouve avec les garçons et les femmes, pas plus que les poissons et toutes les autres nourritures que porte une table profuse, qui engendrent la vie de plaisir, mais le raisonnement sobre qui recherche les causes de tout choix et de tout refus et repousse les opinions par lesquelles le plus grand tumulte se saisit des âmes[2]. »

Épicure et Don Juan, deux figures antithétiques

La tradition anti-épicurienne aime à dépeindre Épicure et les épicuriens comme des jouisseurs. Don Juan est décrit comme un « pourceau d'Épicure[3] ».

Pourtant, il n'est rien de plus opposé que le sage se satisfaisant de plaisirs simples et le conquérant amoureux toujours inquiet de son prochain désir.

Le désir de science

Le bonheur épicurien n'est obtenu que par une véritable science des désirs. Seule une connaissance scientifique du monde, des dieux et de l'âme permet d'orienter les désirs correctement et de les satisfaire durablement. On comprend pourquoi le désir de connaissance occupe une grande place chez Épicure :

« Le principe du plus grand bien est la prudence. C'est pourquoi la philosophie est, en un sens plus précieux, prudence[4]. »

---

1. *Lettre à Ménécée*, § 130, traduction citée, p. 195.
2. *Ibidem*, § 132, traduction citée, p. 196.
3. Molière, *Dom Juan*, acte I, scène 1. Sganarelle (à propos de son maître, Dom Juan) : « Un pourceau d'Épicure, un vrai Sardanapale qui ferme l'oreille à toutes les remontrances qu'on peut lui faire, et traite de billevesées tout ce que nous croyons. »
4. *Lettre à Ménécée*, § 132, traduction citée, p. 196.

Comme chez Platon, le malheur des hommes vient de ce qu'ils satisfont d'autres désirs que le désir de philosophie.

> « *Que personne, parce qu'il est jeune, ne tarde à philosopher, ni, parce qu'il est vieux, ne se lasse de philosopher ; car personne n'entreprend ni trop tôt ni trop tard de garantir la santé de l'âme[1].* »

La démarche d'Épicure, en ce qui concerne le désir de contempler le vrai, est parfaitement inverse de celle de Platon.

Pour Platon, les hommes désirent confusément le vrai sans savoir ce que vise leur désir. Ce n'est qu'après un travail de purification du désir et de prise de conscience que le désir trouve son véritable objet : le vrai et le bien.

Chez Épicure, le désir de connaissance est en fait subordonné et premier. C'est pour atteindre à la satisfaction réelle des désirs qu'il faut commencer par étudier la nature et trouver le vrai. L'étude du vrai n'est qu'une condition nécessaire mais pas suffisante pour mieux satisfaire ses désirs.

> « *Si les doutes sur les réalités célestes ne nous perturbaient pas du tout, ni ceux qui ont trait à la mort, dont on redoute qu'elle soit jamais en rapport avec nous, ou encore le fait de ne pas bien comprendre les limites des douleurs et des désirs, nous n'aurions pas besoin de l'étude de la nature[2].* »

C'est pour cette raison que l'étude du monde et de la nature, la physique, est la première étape de l'éthique, soit la connaissance de la vie bonne. Mais c'est une étape indispensable.

---

1. *Ibidem*, §122, traduction citée, p. 191.
2. Maxime XI, in Épicure, traduction citée, p. 201.

Pour finir...

Épicure fixe bel et bien pour objectif à la vie humaine de satisfaire les désirs. Il se distingue nettement de ceux qui, comme Platon, Descartes ou Freud, recommandent de faire disparaître les désirs, de les réorienter ou de les éduquer pour être heureux.

Pour autant, tous les désirs ne doivent pas être assouvis au nom même du bonheur. Toute la difficulté de l'épicurisme est dans l'application : il faut être lucide sur le désir. Or, le désir a cette difficulté qu'il est souvent aveugle. Les conseils du maître du Jardin ne sont pas plus faciles à suivre que ceux du fondateur de l'Académie.

3/ # Épictète

ou la maîtrise des désirs

Pour commencer...

C'est au quatrième siècle avant notre ère que Zénon, Cléanthe et Chrysippe créent l'école stoïcienne à Athènes. L'institution tire son nom du portique (*stoa* en grec ancien) sous lequel les philosophes donnaient cours. Épictète n'est donc pas le fondateur du stoïcisme. Mais il est l'auteur de son renouveau sous l'Empire romain.

Épictète naît vers l'an 50 de notre ère, à Hériapolis en Phrygie, région de l'actuelle Turquie. Esclave et fils d'esclave, il est conduit à Rome et vendu à un maître qui le rend boiteux à vie à force de le battre. À cette époque, Épictète devient l'élève du philosophe romain stoïcien Musonius Rufus. Une fois affranchi, il commence à enseigner. Il est chassé de Rome par le décret de l'empereur Domitien qui, en 94, expulse tous les philosophes de l'Italie au motif qu'ils troublent l'ordre public. Épictète émigre alors à Nicopolis, cité de la côte occidentale de la Grèce. C'est là qu'il enseigne la philosophie jusqu'à sa mort, en 130 environ.

Comme Socrate, Épictète attire de nombreux auditeurs issus des élites de la société. Comme Socrate, il dispense un enseignement exclusivement oral. *Le Manuel d'Épictète* et *Les Entretiens d'Épictète* sont en effet des textes rédigés par Arrien, un disciple du philosophe. Les ouvrages sont tous deux tirés des notes prises par Arrien pendant les cours d'Épictète. Ils sont toutefois bien différents.

Le *Manuel* est un court recueil de maximes qui résument les principales thèses d'Épictète. Dès l'Antiquité, les stoïciens soulignent que le mot grec qui donne son titre à l'ouvrage (*encheiridion*) désigne aussi bien un « manuel » qu'un « poignard ». C'est que, pour eux, l'apprenti philosophe doit constamment conserver le *Manuel d'Épictète* à portée de main pour défendre son âme, exactement comme on garde un poignard dans son manteau pour défendre son corps.

Les *Entretiens d'Épictète* constituent, eux, une série de retranscriptions précises des cours d'Épictète. Voici ce qu'Arrien écrit en guise de préface aux *Entretiens d'Épictète* :

« Je n'ai pas composé de "Discours d'Épictète" (...) J'ai seulement essayé de rédiger, dans les mêmes termes autant que possible, tout ce que je lui entendais dire, afin de garder pour moi dans l'avenir des souvenirs de sa pensée et du langage si libre où il l'exprimait[1]. »

Les cours d'Épictète commencent par le commentaire d'un texte ou par un exercice de logique réalisé par un disciple. Ils se poursuivent par un discours du maître prononcé pour répondre aux questions d'un auditeur. Ces discours sont appelés « diatribes » ou « entretiens » parce qu'ils constituent une sortie d'Épictète contre les idées toutes faites exprimées par ses disciples dans leurs questions ou leurs commentaires.

Les entretiens d'Épictète diffèrent sensiblement des dialogues de Platon : ils sont en apparence improvisés, peu structurés et fourmillent d'anecdotes. Ils sont en réalité, comme toute la philosophie stoïcienne, destinés à éveiller les esprits et à les mener vers la vie philosophique.

Introduire la clarté dans la confusion des désirs

Le désir, source de troubles et de douleurs

Pour Épictète, les désirs plongent généralement les hommes dans l'inquiétude. Quand le désir nous tenaille, la fébrilité nous gagne :

« Il y a chez les hommes bien de la difficulté, bien de l'embarras quand il s'agit des choses extérieures. Que vais-je faire ? Que peut-il advenir ? Quelle sera l'issue ? Pourvu que telle chose ne se rencontre [2]! »

Quand on désire, on espère et on craint, on envie et on s'emporte. Pour conquérir le pouvoir, on est même prêt à commettre des

---

1. *Entretiens d'Épictète*, lettre d'Arrien à Lucius Gellius, in *Les stoïciens*, textes traduits par Émile Bréhier, édités sous la direction de Pierre-Maxime Schuhl, Gallimard, collection « La pléiade », Paris, 1962, p. 807.
2. *Entretiens d'Épictète*, IV, 10, §§ 1-2, traduction citée, p. 1092.

actes qu'on réprouve chez les autres : le mensonge, le meurtre, la trahison. Pour séduire l'homme ou la femme de ses rêves, on est prêt à s'humilier, tel le héros de Proust dans *Un amour de Swann*.

> « *Voilà ce que sont la richesse, le pouvoir, la fréquentation d'une belle femme, quand ils s'accompagnent de désirs ; ajoute la jalousie, la crainte d'être dépouillé, le vilain langage, les vilaines pensées, les actions indécentes*[1]. »

Tourné vers l'avenir, le désir nous plonge dans l'incertitude. Comment garder son calme quand tant d'obstacles peuvent s'interposer entre nous et l'objet de notre désir ? Le trouble de l'angoisse peut même céder le pas à l'amertume de l'insatisfaction.

Le désir me met à la merci d'autrui

Grief plus grave encore, le désir peut limiter notre liberté. Quand on recherche la satisfaction d'un désir, on est souvent contraint de s'en remettre aux circonstances et à autrui pour le voir se réaliser :

> « *Lorsque nous aimons, haïssons ou craignons les choses, nous avons nécessairement comme maîtres ceux qui ont pouvoir sur elles ; aussi nous les adorons comme des dieux*[2]. »

Je me mets à la place d'une jeune chanteuse de variétés qui souhaite faire carrière grâce à une émission de télévision. Elle souhaite devenir célèbre. Elle fait du public non seulement son juge mais son maître : elle place la réalisation de ses aspirations dans des mains qui ne sont pas les siennes.

Horace et le goût amer du désir de gloire

Quand je souhaite susciter l'admiration, je ne désire pas seulement accomplir des exploits. Je souhaite surtout que les autres aient une certaine opinion de moi. Or,

---

1. *Entretiens d'Épictète*, IV, 9, § 5, traduction citée, p. 1090.
2. *Ibidem*, I, 1, § 60, traduction citée, p. 1046.

par définition, cette opinion m'échappe : je ne suis pas maître de l'opinion d'autrui[1]. Cette impuissance voue souvent le désir de gloire au malheur de l'insatisfaction. Horace, le héros de Corneille, fait l'amère expérience de l'impossibilité de façonner à sa guise l'opinion d'autrui. Par désir de s'illustrer au service de sa patrie, Rome, Horace accepte un duel où il tue le fiancé de sa sœur, Camille. Tout à sa soif de gloire, il n'accepte pas le mépris de sa sœur et la tue[2].

Le désir de gloire est la figure emblématique des désirs incapables d'être satisfaits par les seules forces de ceux qui les éprouvent. La plupart des désirs asservissent les hommes. Pour satisfaire leurs désirs, les hommes dépendent de l'extérieur. Ils ne sont plus leurs propres maîtres. C'est le cas même de désirs apparemment simples, comme le désir de tranquillité :

« *Souviens-toi que ce n'est pas seulement le désir de l'autorité et des richesses qui nous abaisse et nous assujettit à d'autres, c'est aussi le désir de la tranquillité, du loisir des voyages et de la culture. Généralement, de quelque objet extérieur qu'il s'agisse, le prix qu'on lui donne nous assujettit à autrui[3].* »

Même quand je désire lire paisiblement un polar à la maison, ma satisfaction dépend d'autrui : pourvu que la voisine d'à côté ne fasse pas de travaux ! Pourvu que le voisin d'en face n'organise pas une fête ! Le désir est alors la cause d'une aliénation au sens strict : il place notre existence entre les mains d'autrui (*alienus* en latin).

Au milieu de la mêlée des désirs, tracer une ligne claire

Il est indispensable et urgent d'échapper à la douleur et à l'esclavage des désirs. Le stoïcien n'accepte pas le malheur du désir inassouvi. Pour dissiper la mêlée oppressante des désirs, il

---

1. *Ibidem*, IV, I, §§ 144-150, traduction citée, p. 1056-1057.
2. Pierre Corneille, *Horace*, Acte IV, scène 5.
3. *Entretiens d'Épictète*, IV, 4, § 1, traduction citée, p. 1063.

faut faire un effort de lucidité. Posons un regard objectif sur les limites réelles de notre champ d'action :

> « *Il y a ce qui dépend de nous, il y a ce qui ne dépend pas de nous. Dépendent de nous l'opinion, la tendance, le désir, l'aversion, en un mot toutes nos œuvres propres ; ne dépendent pas de nous le corps, la richesse, les témoignages de considération, les hautes charges, en un mot toutes les choses qui ne sont pas nos œuvres propres[1]. »*

Toute l'éthique d'Épictète est fondée sur ce partage du monde, sur ce Yalta moral. Il est faux de penser que nous ne pouvons rien changer à nos désirs. Même si leur satisfaction nous échappe largement, nos désirs, eux, dépendent de nous.

Le désir racinien, indomptable puissance divine

De nombreux poètes, dramaturges et philosophes présentent le désir comme une force cosmique ou divine qui dépasse les forces les hommes. Ainsi, dans la tragédie de Racine, Phèdre se déclare-t-elle non pas auteur mais victime de l'amour qu'elle éprouve pour Hippolyte, le fils issu du premier mariage de son époux, Thésée. Le désir est si extérieur à elle qu'il est personnifié par Vénus, déesse de l'amour :

« Ce n'est plus une ardeur dans mes veines cachée :
C'est Vénus tout entière à sa proie attachée.
J'ai conçu pour mon crime une juste terreur ;
J'ai pris la vie en haine, et ma flamme en horreur[2]. »

Épictète s'oppose vigoureusement à cette vision du désir. Le désir et son contraire, l'aversion, sont de notre responsabilité car ils sont en notre pouvoir. Prétendre le contraire, c'est, au mieux, céder à une illusion ou, au pire, chercher un prétexte.

La philosophie stoïcienne observe que les désirs peuvent

---

1. *Manuel d'Épictète*, I, § 1, traduction citée, p. 1111.
2. Jean Racine, *Phèdre*, acte I, scène 3.

asservir les hommes. Mais elle est aux antipodes des penseurs (platoniciens[1] et freudiens[2] par exemple) pour lesquels le désir est une force qui soumet nécessairement l'homme. Les désirs peuvent être clarifiés par un effort de lucidité. Ils peuvent être maîtrisés par un effort de volonté :

> « Si tu as la volonté de ne pas céder à la force et à la contrainte, qui te forcera à désirer ce que tu ne juges pas bon de désirer, à éviter ce qui ne te semble pas devoir être évité ? (...) Tant que tes désirs et tes aversions dépendent de toi, de quoi te soucier encore[3] ? »

Le stoïcien, athlète du désir

Une mesure d'urgence :
renoncer stoïquement aux désirs

Pour éviter le trouble, la douleur et l'asservissement des désirs, les hommes doivent, au moins dans un premier temps, renoncer aux désirs :

> « Quant au désir, supprime-le complètement pour l'instant : car si tu désires l'une des choses qui ne dépendent pas de nous, il est impossible que tu sois heureux ; quant à celles qui dépendent de nous, et qu'il serait beau de désirer, aucune n'est encore à ta portée[4]. »

La solution stoïcienne paraît aussi austère que radicale. Pour éviter les malheurs causés par l'insatisfaction de certains désirs, il conviendrait de supprimer tous les désirs eux-mêmes.
Cette recommandation suffit à établir la réputation d'ascétisme du stoïcien : son but est d'être stoïque et insensible.

---

1. *Cf.* chapitre 1 du présent ouvrage.
2. *Cf.* chapitre 8 du présent ouvrage.
3. *Entretiens d'Épictète*, II, 2, §§ 4-6, p. 885-886.
4. *Manuel d'Épictète*, II, 2, traduction citée, p. 1112.

Blaise Pascal et l'ascétisme d'Épictète

L'ascétisme stoïcien peut paraître d'autant plus proche de l'ascétisme chrétien qu'il est salué par plusieurs penseurs explicitement catholiques. Ainsi, Blaise Pascal[1] loue la volonté d'Épictète de maîtriser les désirs humains et de les soumettre à la morale : « *Épictète est un des philosophes du monde qui a le mieux connu les devoirs de l'homme*[2]. »

Pourtant, Blaise Pascal critique l'ascétisme stoïcien. Pour lui, un tel effort sur soi est voué à l'échec s'il est privé du soutien de la foi chrétienne. Ainsi, Blaise Pascal loue Montaigne[3] parce que celui-ci « *rejette [...] bien loin cette vertu stoïque qu'on peint avec une mine sévère, un regard farouche, des cheveux hérissés, le front ridé et en sueur, dans une posture pénible et tendue, loin des hommes, dans un morne silence, et seul sur la pointe d'un rocher*[4]. »

Portrait fidèle ou caricature injuste du sage stoïcien ?

L'ascétisme recommandé par Épictète est bien particulier. Il ne s'agit que d'une première étape provisoire destinée à tirer les hommes de leur ignorance habituelle sur leurs désirs et sur les moyens de les satisfaire. La renonciation n'est que le premier signe d'un progrès débutant :

> « *Signes de celui qui est en progrès : il a retiré de lui-même tout désir ; quant à l'aversion, il l'a transportée exclusivement sur les choses contraires à la nature parmi celles qui dépendent de nous*[5]. »

La renonciation totale aux désirs doit rapidement céder le pas à la limitation organisée des désirs.

---

1. Mathématicien, physicien, théologien et philosophe français (1623-1662).
2. Pascal, *Entretien avec Monsieur de Saci,* in *Œuvres,* Gallimard, collection « La pléiade », Paris, 1954, p. 562.
3. Magistrat, écrivain et philosophe français (1533-1592).
4. Pascal, *Entretien avec Monsieur de Saci,* édition citée, p. 573-4.
5. *Manuel d'Épictète,* XLVIII, §§ 1-2, traduction citée, p. 1129-1130.

Ne pas désirer à tort et à travers

Les stoïciens ne recommandent pas de renoncer définitivement aux désirs. Épictète considère au contraire que la satisfaction des désirs est une des conditions du bonheur :

> « *Rappelle-toi que le propos avoué du désir est d'obtenir l'objet désiré ; celui qui, éprouvant un désir, manque son objet n'est pas heureux*[1]. »

Le désir est une chose sérieuse. De la satisfaction de mes désirs dépendent mon exposition au malheur et mon accession au bonheur. Dans un premier temps, l'insatisfaction du désir cause tant de dégâts que les stoïciens préfèrent s'abstenir de tout désir, de peur de se tromper sur les objets véritables du désir. Mais, dans un deuxième temps, ils cherchent à être heureux, c'est-à-dire à atteindre à tout coup l'objet de leur désir.

Diogène, le philosophe aux nerfs d'acier

Pour aider ses élèves, Épictète aime à leur donner des grands hommes en exemples. Il érige souvent Diogène en modèle à imiter car le sage grec est la figure même du philosophe dont les désirs ne sont jamais insatisfaits : « *Je vous ferai voir les nerfs d'un philosophe. Quels nerfs ? Un désir qui ne manque pas son but, une aversion qui ne tombe pas dans ce qu'elle veut éviter, une volonté conforme au devoir, des desseins réfléchis, un assentiment inébranlable à mes croyances, voilà ce que vous verrez*[2]. »

Comment garantir une satisfaction à ses désirs ? Épictète recommande de garder constamment à l'esprit la distinction entre ce qui dépend de nous et ce qui n'en dépend pas. Il conseille également de restreindre ses désirs au champ de ce qui dépend de nous. Tous les effets nocifs de l'insatisfaction seront ainsi évités :

---

1. *Manuel d'Épictète*, II, § 1, traduction citée, p. 1112.
2. *Entretiens d'Épictète*, II, 8, § 29, traduction citée, p. 900.

« *N'as-tu pas souvent entendu dire qu'il faut que tu restreignes tes désirs et ton aversion aux seules choses qui dépendent de ta volonté, qu'il te faut laisser tout le reste, corps, biens, réputation, livres, tumultes, recherches des charges publiques ou fuite devant ces charges*[1] *?* »

Oublier cette distinction et désirer au-delà du cercle de ce qui est de notre ressort, c'est s'exposer à de cruelles déceptions. Les malheurs du romancier avide de gloire et de la femme d'affaires assoiffée de pouvoir ne s'expliquent pas autrement que par un désir mal dirigé. Dans un registre plus comique, les avanies de personnages de Molière illustrent bien ce point de la philosophie stoïcienne.

Les cocus de Molière et les désirs impossibles

Au début de *L'école des femmes*, Molière oppose Arnolphe et Chrysalde qui personnifient les deux attitudes divergentes face aux désirs dont la réalisation ne dépend pas de nous. Arnolphe désire n'être jamais trompé par sa fiancée et affirme que cela est en son pouvoir : il suffit d'enfermer constamment la belle. Conscient des limites du pouvoir humain, son ami Chrysalde lui conseille de renoncer à ce désir :
« *Ce sont coups du hasard, dont on n'est point garant Et bien sot, ce me semble, est le soin qu'on en prend*[2]. »
La fin de la pièce donne raison à Chrysalde : Arnolphe voit sa fiancée lui échapper en dépit de tous ses efforts pour la tenir cloîtrée.

Désirer quelque chose qui ne dépend pas de nous est aussi insensé que désirer la vie éternelle :

« *Si tu veux que tes enfants, ta femme et tes amis vivent toujours, tu perds le sens ; car tu veux que ce qui ne dépend pas de toi dépende de toi*[3]. »

1. *Entretiens d'Épictète*, IV, 4, §§ 32-33, traduction citée, p. 1067.
2. Molière, *L'école des femmes*, acte I, scène 1, vers 13-14.
3. *Manuel d'Épictète*, XIV, § 1, traduction citée, p. 1115.

Le philosophe athlète :
suivre un entraînement aux désirs

Limiter le champ des désirs n'est qu'un des exercices que recommande Épictète afin de préserver sa liberté et d'atteindre le bonheur. L'aguerrissement de l'apprenti stoïcien doit se poursuivre par un entraînement à la vigilance et à la maîtrise de soi :

> « *Combats contre toi-même ! Détourne-toi toi-même pour revenir à la bonne tenue, à la réserve, à la liberté [...] Sache que rien n'est plus maniable qu'une âme humaine. Il faut vouloir et la chose est faite : l'âme se redresse ; endors-toi à nouveau, et elle est perdue*[1]. »

Limiter ses désirs à ce qui dépend de soi n'est pas aisé. Il faut une longue pratique et une attention constante. Par exemple pour résister aux sollicitations des publicités.

Le philosophe, éclaireur en territoire hostile

A ses élèves, Épictète donne souvent pour modèle le soldat envoyé en éclaireur au-delà des lignes ennemies : il ne doit jamais relâcher son attention, car sa liberté et sa vie en dépendent. L'apprenti stoïcien doit, lui aussi, conserver à l'esprit que, dans le domaine des choses qui ne dépendent pas de lui, il est à la merci de tout. Il doit donc redoubler de vigilance et de circonspection.

Le stoïcisme met l'accent sur la progressivité de la maîtrise des désirs. C'est pour cette raison qu'il insiste sur la nécessité de s'entraîner :

> « *Mais on ne devient pas soudain un taureau ni un homme généreux ; il faut de l'exercice, de la préparation ; il ne faut pas se lancer à la légère dans des entreprises qui ne répondent pas à ce que nous sommes*[2]. »

---

1. *Entretiens d'Épictète*, IV, IX, §§ 11 et 16, traduction citée, p. 1091.
2. *Entretiens d'Épictète*, I, 2, § 32, traduction citée, p. 814.

Dans ce sens, le philosophe est un ascète au sens littéral du terme : en grec ancien, *asketes* signifie « celui qui s'exerce ». Le philosophe stoïcien est donc plus proche de l'athlète ou du guerrier que de l'ermite ou du moine.

Hors de la citadelle intérieure : s'exercer au détachement

Pour ne jamais baisser la garde, Épictète émet une recommandation supplémentaire : il faut apprendre à s'aventurer sans dommage dans le royaume de ce qui ne dépend pas de nous. Il faut alors s'exercer à la mesure et au détachement :

> « *Quand tu formes l'idée de quelque plaisir, traite-la comme les autres, garde-toi de te laisser emporter par elle ; mais attends pour t'exécuter, et obtiens de toi-même quelque délai. Puis compare les deux moments : celui où tu jouiras de ce plaisir, et celui où, après la jouissance, tu en viendras à te repentir et à te faire à toi-même des reproches ; à ce mécontentement, oppose la joie de t'être abstenu et les éloges que tu t'adresseras à toi-même[1].* »

Par exemple, l'apprenti stoïcien s'exerce à ne désirer la santé que de façon mesurée. L'absence de maladie est une situation qui doit lui être indifférente puisqu'elle n'est pas entièrement en son pouvoir. En revanche, l'apprenti stoïcien peut apprendre à utiliser au mieux la santé, tant qu'elle lui est donnée. Elle n'est à prendre que comme le joueur de dé prend le résultat de son lancer, avec indifférence :

> « *Les occasions sont indifférentes, l'usage qu'on en fait ne l'est pas. Comment conserver, avec le calme et l'équilibre, une attention sans abandon et sans nonchalance ? En imitant les joueurs de dés : les cailloux sont indifférents, les dés aussi ; comment saurais-je ce qui va tomber ? Profiter avec réflexion et selon les règles des points tombés, voilà quelle est mon affaire[2].* »

---

1. *Manuel d'Épictète*, XXXIV, § 1, traduction citée, p. 1126.
2. *Entretiens d'Épictète*, II, 5, §§ 1-3, traduction citée, p. 890.

L'imagination peut même aider l'apprenti stoïcien à atteindre le détachement à l'égard de ce qui ne dépend pas de lui. Loin de considérer que l'imagination est l'alliée du désir, les stoïciens affirment, eux, que l'imagination est tout autant en notre pouvoir que le désir. L'imagination peut donc servir à dompter le désir.

L'imagination au service de la tempérance

Plusieurs philosophes, comme Blaise Pascal et Jean-Jacques Rousseau[1], considèrent que l'imagination démultiplie les désirs. L'empereur et philosophe stoïcien Marc-Aurèle affirme, lui, que l'imagination peut nous aider à garder nos distances avec ce que nous désirons :

« Oui, représente-toi bien à l'aide de ton imagination, à propos des mets et de tout ce qu'on mange, que c'est ici un cadavre de poisson, là un cadavre d'oiseau ou de porc [...] à propos de l'accouplement, un frottement de ventre et l'éjaculation d'un liquide gluant accompagnée d'un spasme. Telles sont ces images qui vont jusqu'aux choses mêmes et les pénètrent pour faire voir ce qu'elles sont ; et telle est la manière dont il faut procéder toute la vie ; là où les choses ont une valeur apparente trop grande, les dénuder, bien voir leur vulgarité, leur enlever tous les détails dont elles se parent[2]. »

Chez l'apprenti stoïcien, la renonciation aux désirs cède rapidement la place à un véritable entraînement destiné à limiter, à maîtriser puis à bien utiliser les désirs. Le champ de ce qui dépend de nous est fort limité. En revanche, ce domaine comprend la capacité à bien user de nos désirs, de nos idées, de nos opinions et de nos sensations.

---

1. *Cf.* chapitre 7.
2. Marc-Aurèle, *Pensées*, VI, § 13, traduction citée, p. 1180.

Conformer ses désirs à l'ordre du monde

Sagesse des limites et résignation à l'inéluctable

Cette série d'exercices prodigue à ceux qui les pratiquent un entrainement efficace pour éviter de subir les déconvenues de l'insatisfaction. « Ne désire que ce qui est possible », voilà le mot d'ordre des maîtres stoïciens en matière de désirs :

> « Pour ceux qui prennent la philosophie et y entrent comme il faut, elle débute par la conscience de notre faiblesse et de notre impuissance dans les choses nécessaires[1]. »

Cette sagesse des limites n'est pourtant pas le dernier mot du stoïcisme appliqué aux désirs. Épictète propose aux athlètes confirmés de passer à un autre degré dans la maîtrise des désirs. La nouvelle étape est métaphysique et morale : il faut apprendre à connaître l'ordre du monde afin d'y conformer tous ses désirs.

> « Où donc est le progrès ? Celui qui se détache des choses extérieures pour s'appliquer à son propre vouloir, qui travaille à le cultiver pour le rendre conforme à la nature[2]. »

La conformité des désirs à la nature est la clé du stade ultime de la sagesse stoïcienne :

> « Pour moi, je me contente d'avoir des désirs et des aversions conformes à la nature, de suivre mon naturel dans mes volontés et mes refus, mes projets, mes intentions, mon assentiment[3]. »

Le saut proposé par Épictète est loin d'être négligeable. Il consiste à passer d'échauffement d'amateurs à de véritables entraînements de

---

1. *Entretiens d'Épictète*, II, 11, § 1, traduction citée, p. 906.
2. *Ibidem*, I, 4, §§ 18-19, traduction citée, p. 817,
3. *Entretiens d'Épictète*, I, XXI, § 2, p. 857.

professionnels. De joggeur-philosophe du dimanche, il faut devenir marathonien-sage. Le stoïcisme suppose que le monde n'est pas un chaos inorganisé mais un système régi par une force omnipotente[1] que les stoïciens appellent « destin », « Zeus » ou « Dieu ». C'est dans l'adhésion à cette thèse que réside la piété selon Épictète :

> « *De la piété envers les dieux, sache que voici l'essentiel : tenir à leur sujet des opinions droites, en croyant qu'ils existent et qu'ils gouvernent l'univers avec sagesse et justice, et te disposer une fois pour toutes à leur obéir, à te plier à tous les événements. (...) De cette façon en effet tu n'adresseras jamais de reproche aux dieux, et ne les accuseras pas de te négliger*[2]. »

Tous les stoïciens adhèrent à cette idée de la piété. C'est pour cette raison que l'*Hymne à Zeus* de Cléanthe, le troisième fondateur du stoïcisme, est repris et entonné par tous les maîtres stoïciens, y compris Épictète :

> « *Mène-moi, ô Zeus, ainsi que toi, Destinée,*
> *Là où vous m'avez un jour fixé ma place ;*
> *Comme je vous suivrai sans hésiter ! Quand bien même je*
>   *ne le voudrais pas,*
> *Devenu méchant, je ne suivrai pas moins*
> *Quiconque se rend de bonne grâce à la nécessité*
> *Est un sage à nos yeux, et il connaît les choses divines*[3]. »

Un fatalisme limité : désirer autant qu'on peut

C'est de cette idée de destin tout-puissant (*fatum* en latin) que découle l'idée d'un fatalisme stoïcien. Assurément, il entre dans le stoïcisme une bonne dose de résignation, d'acquiescement et d'acceptation devant l'inéluctable. Cela le rapproche de certaines formes de fatalisme.

---

1. Les origines de l'idée stoïcienne de destin sont détaillées dans l'ouvrage de la même collection. *Cf.* Cyril Morana et Éric Oudin, *La liberté*, p. 34-35.
2. *Manuel d'Épictète*, XXXI, §§ 1-2, traduction citée, p. 1122.
3. *Hymne à Zeux de Cléanthe*, repris dans le *Manuel d'Épictète*, LIII, §§ 1-2, traduction citée, p. 1132.

Le fatalisme de Tolstoï

Dans son épopée *Guerre et paix*, Tolstoï érige en modèles ceux de ses personnages qui se résignent à subir les fluctuations de la destinée sans se rebeller et sans chercher à comprendre l'ordre du monde. Le simple paysan soldat Platon (!) Karataïev et le prince général d'armée André Bolkonski parviennent tous deux à ce stade ultime de la sagesse en se résignant à tout, y compris à la souffrance de leurs proches et à leur propre mort.

Ce fatalisme irrationaliste découle de la philosophie de l'histoire élaborée par Tolstoï au fil du roman : l'histoire humaine est une succession ininterrompue d'événements dont le sens échappe à l'esprit humain.

Le fatalisme stoïcien est pourtant bien différent du fatalisme entendu au sens courant. Il affirme l'idée que l'ordre du monde est rationnel : Zeus ordonne la nature conformément à la raison. En conséquence, l'ordre de la nature est compréhensible par l'esprit humain. Conformer ses désirs à la nature n'est pas accepter les coups du sort sans rien y comprendre. Mettre nos désirs, nos volontés, nos aspirations et nos souhaits en conformité avec l'ordre du monde c'est accéder tout simplement à la rationalité et au bonheur : Epictète recommande d'essayer de vouloir que ce qui arrive arrive. Il déconseille de souhaiter que les événements soient autrement qu'ils ne sont.

Alors que le fatalisme classique entraîne une renonciation aux désirs devant l'ordre du monde, le fatalisme stoïcien conduit à une exaltation des désirs. Il faut continuer à désirer tout ce qui est en notre pouvoir.

Les voyages au long cours et les limites du fatalisme

Pour mesurer combien le fatalisme stoïcien est loin d'un fatalisme paresseux, penchons-nous sur un exemple récurrent chez Épictète : la préparation du voyage en haute mer. Certes, le naufrage ne peut jamais être évité à coup sûr. Ce n'est pas une raison pour ne rien préparer :

« *Faisons comme dans un voyage en mer : que puis-je ? Choisir le pilote, les matelots, le jour, l'occasion propice. Puis la tempête survient : pourquoi t'en soucier encore ? En ce qui me concerne tout a été fait ; c'est maintenant l'affaire d'un autre, le pilote. Mais le bateau est englouti ! Qu'y puis-je ? Ce que je peux, je le fais : disparaître sans peur, sans cri ni reproche contre Dieu, en sachant bien qu'un être qui est né doit périr[1].* »

Désirer tout ce qui advient et uniquement ce qui advient

Non seulement il ne faut pas abdiquer tout désir. Mais en outre il faut dilater ses désirs à tout l'ordre du monde. Il ne suffit pas de ne désirer que ce qui est possible. Il faut désirer tout ce qui advient :

« *Ici, nous nous représentons l'œuvre du philosophe de la manière suivante : il faut accorder notre volonté avec les événements de telle manière que nul événement n'arrive contre notre gré et qu'il n'y ait nul événement qui n'arrive lorsque nous le voulons. L'avantage, pour ceux qui sont ainsi pourvus, c'est de ne pas échouer dans leurs désirs, de ne pas tomber sur ce qu'ils détestent, de vivre intérieurement une vie sans peine, sans crainte et sans trouble[2].* »

Si le bonheur est donné par la satisfaction de nos désirs, désirer tout ce qui advient c'est atteindre au bonheur le plus complet.

Le principe est le même que celui qui préside à la distinction entre ce qui dépend de nous et ce qui n'en dépend pas : il faut satisfaire ses désirs sans risque de subir l'insatisfaction. Mais la perspective est complètement renversée : il ne faut pas partir de nos préférences personnelles ou de nos attirances particulières pour déterminer

---

1. *Entretiens d'Épictète*, II, V, §§ 10-12, p. 891.
2. *Ibidem*, II, XIV, §§ 7-8, traduction citée, p. 914.

nos désirs et chercher à les réaliser malgré l'ordre du monde. Il faut partir de l'ordre cosmique pour élaborer ses désirs.

Starmania : le banquier et le chanteur

D'un point de vue stoïcien, la chanson de la comédie musicale rock *Starmania* (1978) dans laquelle un banquier proclame qu'il « aurait voulu être un artiste » procède d'une incapacité à se hisser à un stade supérieur de sagesse. Pour être heureux à coup sûr, le financier devrait désirer être financier parce que c'est ce qui arrive conformément à l'ordre du monde, même s'il préférait à titre personnel être une star du rock.

Le sage véritable, compagnon des dieux

Le saut éthique et métaphysique proposé par Épictète n'est pas d'ordre mystique. Il ne s'agit pas de viser une fusion avec la volonté divine. Il suffit de considérer que ce qui advient advient de façon naturelle, rationnelle et optimale puisque, par définition, c'est ce qui advient donc c'est ce qui est voulu par l'ordre divin de la nature :

> « *Quant à moi, je ne suis jamais ni arrêté dans ce que je veux, ni contraint à ce que je ne veux pas. Comment serait-ce possible ? J'ai uni ma volonté à Dieu. Dieu veut que j'aie la fièvre ? Je le veux. Il veut que ma volonté aille dans tel sens ? Je le veux. Il veut que j'aie tel désir ? Je le veux. Il veut que j'atteigne tel objet ? Je le veux. Il ne le veut pas ? Je ne le veux pas. Je veux donc mourir. Je veux donc être torturé[1].* »

Le fameux volontarisme stoïcien apparaît ici bien éloigné du volontarisme qui caractérise certains penseurs modernes. Le stoïcisme invite à conformer son désir à l'ordre du monde pour atteindre au bonheur. Au contraire, les modernes considèrent que le bonheur consiste à désirer et même à obtenir l'impossible.

---

1. *Ibidem*, IV, 1, §§ 89-90, traduction citée, p. 1050.

Volontarisme ancien et volontarisme moderne

Comme la volonté est entièrement en notre pouvoir, selon les stoïciens, ceux-ci peuvent passer pour les défenseurs d'un volontarisme absolu. Il suffit toutefois de comparer leurs thèses à celles de Machiavel pour comprendre combien le volontarisme stoïcien est particulier. Pour Machiavel par exemple, le monde doit céder devant l'ordre du désir : « *Je juge certes ceci : qu'il est meilleur d'être impétueux que circonspect, car la fortune est femme, et il et nécessaire, à qui veut la soumettre, de la battre et de la rudoyer. Et l'on croit qu'elle se laisse plutôt vaincre par ceux-là que par ceux qui procèdent avec froideur.*[1] »

Dans *Le prince*, Machiavel énonce une série de conseils destinés aux gouvernants pour conquérir et conserver le pouvoir politique. Sa démarche est aux antipodes de celle des stoïciens. Pour un stoïcien, le pouvoir politique est un des objets de désir les moins en notre présence. Désirer le pouvoir politique et désirer sa conservation, c'est aller au-devant de déconvenues d'autant plus graves que bien d'autres désirent la même chose.

Pour Machiavel, l'ordre du monde est loin d'être inflexible. Il convient non pas comme les stoïciens de plier ses désirs à l'ordre du monde. Il convient au contraire de plier l'ordre du monde à ses désirs.

Pour Épictète, adopter cette économie des désirs est la condition *sine qua non* pour accéder à la sagesse véritable. De même, pour Pascal, le philosophe accompli :

« *[...] ne se lasse point de répéter que toute l'étude et le désir de l'homme doit être de reconnaître la volonté de Dieu et de la suivre*[2]. »

---

1. Machiavel, *Le prince*, chapitre 25, traduction par Yves Lévy, GF-Flammarion, Paris, 1980, p. 176.
2. Pascal, *Entretien avec Monsieur de Saci*, in *Œuvres*, Gallimard, coll. « La pléiade », Paris, 1954, p. 563.

C'est de cette façon que quelques hommes, les grands sages, ont pu se hisser au-dessus de leur condition humaine et devenir les compagnons des dieux :

> « *Souviens-toi que tu dois te conduire comme dans un banquet : un plat qui fait le tour de la table est-il près de toi ? Étends la main et prends ta part proprement. S'il s'éloigne, ne le retiens pas. Il n'est pas encore là ? Ne jette pas de loin ton désir sur lui, mais patiente jusqu'à ce qu'il soit près de toi. C'est ainsi que du dois te conduire avec tes enfants, ainsi avec ta femme, ainsi avec les hautes charges, ainsi avec la richesse ; et tu seras le commensal des dieux. Mais si tu ne prends pas les mets qui te sont pourtant présentés, si tu les dédaignes, alors tu partageras non seulement la table des dieux mais aussi leur puissance. C'est en agissant de la sorte que Diogène, Héraclite et leurs pareils étaient véritablement divins et en avaient la juste réputation[1].* »

Les modèles proposés par Épictète ne sont pas les sages qui ont banni, limité ou encadré leurs désirs. Ce sont les véritables demi-dieux qui ont réussi à dilater le champ de leurs désirs à tout ce qui advient.

Pour finir...

Épictète propose une philosophie des désirs aussi exaltante que paradoxale. D'un côté, il faut limiter ses désirs au point de sembler les faire disparaître. D'un autre côté, il faut les étendre à tout ce qui peut advenir. Cette philosophie peut nous attirer : qui ne rêve de maîtriser ses désirs ? Mais cette philosophie peut aussi nous rebuter : qui peut honnêtement parvenir à désirer sa propre mort ?

---

1. *Manuel d'Épictète*, XV, § 1 et 2, traduction citée, p. 1115-1116.

4 / Descartes

ou les ambivalences
du désir

Pour commencer...

La vie de René Descartes est traversée par un puissant désir de connaissance. Le philosophe retrace lui-même le début de son existence dans le *Discours de la méthode* :

> « *Je serai bien aise de faire voir en ce discours quels sont les chemins que j'ai suivis, et d'y représenter ma vie comme en un tableau, afin que chacun en puisse juger, et qu'apprenant du bruit commun les opinions qu'on en aura, ce soit un nouveau moyen de m'instruire, que j'ajouterai à ceux dont j'ai coutume de me servir[1].* »

Descartes est un philosophe bien sûr, mais aussi un mathématicien, un physicien, un biologiste ou encore un astronome. Il naît en 1596, dans une famille aisée et cultivée de Touraine. À partir de 1607, il fait des études classiques au collège de La Flèche récemment créé par les Jésuites. Puis il obtient le baccalauréat et une licence en droit à l'université de Poitiers. Sur ses années de formation, Descartes porte un regard particulièrement critique, car elles ne lui ont pas donné accès à des savoirs indubitables :

> « *Sitôt que l'âge me permit de sortir de la sujétion de mes précepteurs, je quittai entièrement l'étude des lettres[2].* »

En 1618, Descartes s'engage dans l'armée d'un grand seigneur des Pays-Bas. Il entre en contact avec les milieux scientifiques du pays. Ils sont alors à la pointe de la vie intellectuelle internationale. L'année suivante, Descartes rejoint les troupes du duc de Bavière et, au cours d'une longue méditation, « enfermé seul dans un poêle[3] », il commence à chercher une méthode de connaissance universelle destinée à donner de nouvelles fondations, plus solides, à l'ensemble des savoirs humains. Cet épisode marque un tournant dans la vie de Descartes : il lui ouvre une voie pour

1. *Discours de la méthode*, 1re partie, Gallimard, collection « Folio », Paris, 1991, p. 77.
2. *Ibidem*, 1re partie, édition citée, p. 82.
3. *Ibidem*, 2e partie, édition citée, p. 84. Descartes appelle « poêle » une pièce d'habitation qui contient un grand poêle.

sortir du doute et atteindre la vérité. À partir de 1620, Descartes renonce à la vie militaire et parcourt l'Europe :

« *Je ne fis autre chose que rouler çà et là dans le monde, tâchant d'y être spectateur plutôt qu'acteur*[1]. »

C'est en 1627 que Descartes se met à établir les fondements d'une « philosophie plus certaine que la vulgaire[2]. » Pendant plus de vingt ans, il vit en Hollande, pays de tolérance, afin de dialoguer librement avec les grands esprits du temps, de mener sans contrainte des expérimentations scientifiques (des dissections notamment) et de publier des ouvrages sans encourir de censure religieuse. En 1637, il publie le *Discours de la méthode pour bien conduire sa raison et chercher la vérité dans les sciences*. L'ouvrage est écrit en français afin d'être accessible à un vaste lectorat et constitue la préface à des traités de physique. Le *Discours* est consacré à :

« *(...) une méthode, par laquelle il me semble que j'ai moyen d'augmenter par degrés ma connaissance, et de l'élever peu à peu au plus haut point auquel la médiocrité de mon esprit et la courte durée de ma vie lui pourront permettre d'atteindre*[3]. »

Ce texte est le premier résultat de travaux philosophiques qui le conduiront à publier ensuite les *Méditations métaphysiques* et les *Principes de philosophie*, en latin cette fois. En quelques années, grâce à ces textes, Descartes acquiert une place centrale dans les débats philosophiques, de sorte qu'il entre en correspondance avec d'éminentes personnalités intellectuelles et politiques d'Europe. En particulier, il nourrit une intense correspondance avec la princesse de Bohème, Élisabeth, et la reine de Suède, Christine. À la demande de la première, Descartes écrit le traité *Des passions de l'âme* en partie consacré au désir. À la demande de

1. *Ibidem*, 3ᵉ partie, édition citée, p. 100.
2. *Ibidem*, 3ᵉ partie, édition citée, p. 101.
3. *Ibidem*, 1ʳᵉ partie, édition citée, p. 77.

la seconde, il se rend en 1649 à la cour de Suède, où il meurt en 1650.

Homme de doute, homme de science et homme de pensée, Descartes est un exemple, peut-être un modèle, d'homme mû par un inlassable désir de vérité.

Le désir, entre le corps et l'âme

Les désirs, impulsions matérielles ou élans spirituels ?

Au fondement de la philosophie de Descartes, il y a une évidence : je pense, donc je suis. De ce constat indubitable découle une idée claire : l'âme et le corps sont non seulement différents mais distincts. C'est le dualisme cartésien :

> « *Parce que d'un côté j'ai une claire et distincte idée de moi-même, en tant que je suis seulement une chose qui pense et non étendue, et que d'un autre j'ai une idée distincte du corps, en tant qu'il est seulement une chose étendue et qui ne pense point, il est certain que ce moi, c'est-à-dire mon âme, par laquelle je suis ce que je suis, est entièrement et véritablement distincte de mon corps, et qu'elle peut être et exister sans lui[1].* »

Selon Descartes, je suis mon âme et j'ai un corps. Mon âme (moi-même ou encore ce que je suis) est l'instance immatérielle qui pense, produit des idées, a des volontés... Mon corps (ma possession ou encore ce que j'ai) est un ensemble de parties matérielles associées à l'âme. Si l'âme est libre, le corps fonctionne, lui, selon des mécanismes prédéterminés, comme une machine. Dans le cadre de ce dualisme, que sont les désirs ? sont-ils des impulsions corporelles ou des tendances de l'âme ?

---

1. *Méditations métaphysiques*, sixième méditation, présentation et bibliographie de Jean-Marie et Michelle Beyssade, GF-Flammarion, Paris, 1992, p. 185.

Mouvements du corps et élans de l'âme

Des poètes opposent souvent deux types de désirs : un appétit corporel orienté vers le monde matériel et un élan de l'âme aspirant au monde des idées. Ainsi, dans *Les fleurs du mal*, Baudelaire est tiraillé entre son corps et son âme :

« Quand chez les débauchés l'aube blanche et vermeille
Entre en société de l'Idéal rongeur,
Par l'opération d'un mystère vengeur,
Dans la brute assoupie un ange se réveille[1]. »

Le dualisme cartésien pose lui aussi la question de la dualité des désirs, d'un point vue moins poétique et plus philosophique.

Les appétits du corps, une évidence ressentie

Aux yeux de Descartes, de nombreuses impulsions que nous nommons couramment « désirs », comme la soif ou la faim, ne sont pas des opérations de l'âme mais des mouvements corporels :

> *« Tous les mouvements que nous faisons sans que notre volonté y contribue (comme il arrive souvent que nous respirons, que nous marchons, que nous mangeons et enfin que nous faisons toutes les actions qui nous sont communes avec les bêtes) ne dépendent que de la conformation de nos membres et du cours que les esprits échauffés par la chaleur du cœur suivent naturellement dans le cerveau, dans les nerfs et dans les muscles[2]. »*

Ces « désirs » ne se rattachent pas à l'âme pour plusieurs raisons. D'une part, ils sont communs aux hommes et aux animaux ; or, les animaux ne pensent pas, ne veulent pas et donc ne possèdent pas d'âme. D'autre part, ces appétits ne nécessitent pas d'opérations de pensée : je n'ai pas besoin de réfléchir pour savoir que j'ai soif. Enfin, ces « désirs » ne sont pas volontaires ou libres : je ne suis

---

1. Charles Baudelaire, *Les fleurs du mal*, « L'aube spirituelle ».
2. *Passions de l'âme*, article 16, introduction, notes, bibliographie et chronologie par Pascale d'Arcy, GF-Flammarion, Paris, 1996, p. 111.

pas maître de décider d'avoir soif ou de ne pas avoir soif.
En conséquence, de nombreuses impulsions que nous nommons
couramment « désirs » ne sont que des mouvements du corps
destinés à conserver le corps. En s'examinant lui-même, Descartes
constate que ces mouvements procèdent du corps.

> « (...) je ressentais aussi en moi la faim, la soif, et
> d'autres semblables appétits, comme aussi de certaines
> inclinations corporelles vers la joie, la tristesse, la
> colère[1]. »

L'âme entre en scène

Descartes refuse de considérer ces appétits comme des désirs
véritables. Pour qu'il y ait désir à proprement parler, il faut qu'il y
ait des représentations, des pensées, des idées, même si elles sont
confuses :

> « En la soif, le sentiment que l'on a de la sécheresse du
> gosier est une pensée confuse qui dispose au désir de
> boire, mais qui n'est pas le désir même.[2] »

Tant qu'on est dans le domaine des opérations communes aux
hommes et aux animaux, il s'agit d'appétits mécaniques. Mais dès
qu'il s'agit d'impulsions proprement humaines, l'âme entre en
scène : elle produit des représentations et le cours des appétits s'en
trouve modifié. On entre dans le domaine des « passions de l'âme » :

> « La définition des passions de l'âme. Après avoir
> considéré en quoi les passions de l'âme diffèrent de toutes
> ses autres pensées, il me semble qu'on peut généralement
> les définir : des perceptions ou des sentiments, ou des
> émotions de l'âme, qu'on rapporte particulièrement à elle
> et qui sont causées, entretenues et fortifiées par quelque
> mouvement des esprits[3]. »

---

1. *Méditations métaphysiques*, sixième méditation, édition citée, p. 179.
2. Lettre à Chanut du 1er février 1647.
3. *Passions de l'âme*, article 27, édition citée, p. 117.

Pour Descartes, le désir est une « passion de l'âme » comme l'amour ou la haine, l'admiration ou le mépris. Autrement dit, le désir est une modification de l'âme, une opération psychique. Est-ce à dire que le désir n'a rien à voir avec le corps ?

Avoir soif et désirer boire, deux phénomènes distincts

Pour Descartes, chercher à boire n'est pas une opération simple. Il s'agit de deux phénomènes, l'un corporel et l'autre psychique. D'un côté, la soif est un mouvement réflexe d'un corps desséché. D'un autre côté, le désir de boisson est une opération de l'âme qui se représente par quel moyen étancher la soif.

Il y a loin de la coupe aux lèvres : une chose est d'éprouver les douleurs de la déshydratation, une autre est de se représenter qu'un soda glacé peut remédier à cette insatisfaction. Pour savoir si un appétit est un désir ou un simple mouvement du corps, il convient d'examiner s'il fait appel à des représentations ou à des pensées.

Les désirs sont des « pensées »

En rattachant les désirs à l'âme, Descartes se distingue nettement de la tradition épicurienne[1] pour laquelle le désir est un phénomène matériel : selon Épicure, le désir est un vide dans le corps que le corps comble lui-même. Au contraire, Descartes considère que le désir est un type de pensée :

> « (...) il ne reste rien en nous que nous ne devions attribuer à notre âme, sinon nos pensées, lesquelles sont principalement de deux genres, à savoir les unes sont les actions de l'âme, les autres sont les passions[2]. »

Descartes n'hésite pas à affirmer que nous pourrions désirer même si nous n'avions par de corps :

---

1. *Cf.* chapitre 2 du présent ouvrage.
2. *Passions de l'âme*, art. 17, édition citée, p. 111.

> « (...) s'il est absent, le mouvement de sa volonté, qui accompagne la connaissance qu'elle a d'en être privée, est sa tristesse ; mais celui qui accompagne la connaissance qu'elle a qu'il lui serait bon de l'acquérir, est son désir. Et tous ces mouvements de la volonté [...] et le désir, en tant que ce sont des pensées raisonnables et non point des passions, se pourraient trouver en notre âme, encore qu'elle n'eût point de corps[1]. »

Prenons garde toutefois. Les désirs (et plus largement les passions) sont des « pensées détachées du corps » dans un sens très particulier. Les passions sont les altérations de l'âme qui ont pour cause des modifications du corps :

> « Mais on peut encore mieux les nommer des émotions de l'âme, non seulement à cause que ce nom peut être attribué à tous les changements qui arrivent en elle, c'est-à-dire à toutes les diverses pensées qui lui viennent, mais particulièrement pour ce que, de toutes les sortes de pensées qu'elle peut avoir, il n'y en a point d'autres qui l'agitent et l'ébranlent si fort que font ces passions[2]. »

L'exemple du désir de nourriture permet de mesurer l'originalité de la thèse de Descartes. Mon estomac est vide, il devient douloureux. Mon corps est alors la source d'impressions douloureuses pour mon âme. Sous le coup de cette modification du corps, l'âme imagine les moyens de faire cesser cette souffrance. Elle aspire alors à trouver de la nourriture.

Le dialogue entre l'âme et le corps est constant : les passions de l'âme sont des actions du corps sur l'âme qui permettent à l'âme de prendre les bonnes décisions pour la conservation du corps. Pour Descartes, la distinction du corps et de l'âme n'est pas une séparation étanche.

---

1. Lettre à Chanut du 1er février 1647, édition citée, p. 248.
2. *Passions de l'âme*, article 28, édition citée, p. 117-118.

Passions et désirs, passivité et activité

Pour Descartes le désir est une passion. Mais, pour de nombreux philosophes, les désirs sont radicalement différents des passions. Pour eux, les passions sont des phénomènes subis, involontaires et qui contraignent l'individu qui les éprouve. Au contraire, les désirs sont des impulsions spontanées et actives de l'individu qui le conduisent à agir et non pas à subir. La passivité de la passion est contenue dans le terme même : *patior*, en latin, signifie « subir », « pâtir », etc.

Le désir, une passion de l'âme orientée vers l'avenir

En quoi le désir se distingue-t-il des autres passions de l'âme ? Pour Descartes, la caractéristique spécifique du désir est qu'il est fortement inscrit dans le temps. Le désir est la passion de l'âme qui est tournée vers l'avenir :

> « *La passion du désir est une agitation de l'âme, causée par les esprits, qui la dispose à vouloir pour l'avenir les choses qu'elle se représente être convenables. Ainsi on ne désire pas seulement la présence d'un bien absent, mais aussi la conservation du présent ; et de plus l'absence du mal, tant de celui qu'on a déjà que de celui qu'on croit pouvoir recevoir au temps à venir[1].* »

Le désir se distingue ainsi de l'amour qui vit dans le présent. Il se distingue aussi du regret, qui est tourné vers l'avenir. Le désir n'est pourtant pas le caprice. Il aspire à une possession durable dans l'avenir du bien désiré :

> « *[...] non seulement lorsqu'on désire acquérir un bien qu'on n'a pas encore, ou bien éviter un mal qu'on juge pouvoir arriver, mais aussi lorsqu'on ne souhaite que la conservation d'un bien ou l'absence d'un mal, qui est*

---

1. *Ibidem*, article 86, édition citée, p. 152.

tout ce à quoi se peut étendre cette passion, il est évident qu'elle regarde toujours l'avenir[1]. »

Le désir est, pour Descartes, une passion de l'âme. C'est un phénomène psychique qui est fortement lié au corps. Et sa particularité est d'être orienté vers le futur.

Le désir, entre la raison et l'irrationnel

Rationalisme et volontarisme cartésiens

Au fondement de la philosophie de Descartes, il y a le dualisme. Il y a aussi le rationalisme, c'est-à-dire l'idée selon laquelle les hommes se caractérisent par la possession et l'usage de la raison :

« (...) la puissance de bien juger, et distinguer le vrai d'avec le faux, qui est proprement ce qu'on nomme le bon sens ou la raison, est naturellement égale en tous les hommes[2]. »

La volonté libre est une des manifestations de la puissance de la raison. Voir le vrai et prendre des décisions en conséquence sont intimement liés. La puissance de la raison et la liberté de la volonté sont de l'ordre de l'évidence pour Descartes :

« Que la liberté de notre volonté se connaît sans preuve, par la seule expérience que nous en avons. Au reste, il est si évident que nous avons une volonté libre, qui peut donner son consentement ou ne pas le donner quand bon lui semble, que cela peut être compté pour une de nos plus communes notions[3]. »

---

1. *Ibidem*, article 57, édition cité, p. 137.
2. *Discours de la méthode*, 1re partie, édition citée, p. 75.
3. *Principes de la philosophie*, I, 39.

La possession de la raison et du libre arbitre, voilà ce qui, pour Descartes, distingue les hommes des autres êtres vivants. Raison et libre volonté sont aussi ce qui rapproche l'homme de Dieu. Comme les désirs ressortissent à l'âme et sont des pensées, une question se pose : les désirs sont-ils des volontés ?
Pour Descartes, la distinction est fine mais elle est réelle :

> « *Au reste, par le mot de volonté, je n'entends pas ici parler du désir, qui est une passion à part et se rapporte à l'avenir, mais du consentement par lequel on se considère dès à présent comme joint avec ce qu'on aime*[1]. »

Le désir est intimement lié à l'âme, à l'exercice de la raison et à la volonté, mais il en est distinct.

Pour désirer, il faut croire la satisfaction possible

Le désir est fortement lié à la raison car on ne désire que ce qu'on estime être possible :

> « *Il suffit de penser que l'acquisition d'un bien ou d'un mal est possible pour être incité à la désirer*[2]. »

Descartes propose ici une articulation bien particulière entre le désir et la raison. À la source du désir, il y a un jugement sur les probabilités de satisfaire ses aspirations. Par exemple, je me mets à désirer la gloire si j'estime possible de la conquérir en raison de mes capacités ou des circonstances. Si j'estime que je suis incapable de conquérir la renommée, je n'éprouve pas un désir de gloire mais d'autres passions de l'âme : la crainte et même le désespoir. Inversement, si je crois que j'atteindrai aisément la gloire, je cesse de désirer et j'éprouve une autre passion de l'âme, l'assurance :

> « *Mais quand on considère, outre cela, s'il y a beaucoup ou peu d'apparence qu'on obtienne ce qu'on désire, ce qui nous représente qu'il y en a beaucoup excite en nous*

---

1. *Passions de l'âme*, art. 80, édition citée, p. 147-148
2. *Ibidem*, article 58, édition cité, p. 137.

l'espérance, et ce qui nous représente qu'il y en a peu excite la crainte dont la jalousie est une espèce. Lorsque l'espérance est extrême, elle change de nature et se nomme sécurité ou assurance. Comme au contraire l'extrême crainte devient désespoir[1]. »

Descartes restreint considérablement le champ du désir : comme le désir repose sur une évaluation rationnelle de la possibilité d'une satisfaction, il est littéralement contradictoire de désirer l'impossible.

Peut-on désirer l'impossible ?

Pour Descartes, on ne désire que le possible : si on aspire consciemment à l'impossible, il s'agit d'une impulsion autre que le désir. Au contraire, pour bien des penseurs et des artistes, désirer l'impossible est typique de l'être humain. Par exemple, les héros du film *Retour vers le futur* désirent littéralement l'impossible : remonter le cours du temps ou changer leur vie avant même qu'elle n'ait commencé. Ils enrôlent au service de ce désir toutes les capacités scientifiques, techniques... et poétiques de l'homme.

La part irrationnelle du désir

Si le désir et la raison sont intimement liés, Descartes insiste également sur l'irrationalité des désirs. Cela se manifeste tout particulièrement dans le cas du désir amoureux :

« Je distingue entre l'amour qui est purement intellectuelle ou raisonnable, et celle qui est une passion[2]. »

La dualité rationnelle et irrationnelle du désir se manifeste ici. D'un côté, l'amour peut être une appétence pour ce que la raison juge comme bon, beau ou vrai. D'un autre côté, l'amour peut être une passion dirigée vers ce qui n'est bon, beau ou vrai qu'en

---

1. *Ibidem*, article 58, édition citée, p. 137.
2. Lettre à Chanut du 1er février 1647.

apparence. Descartes trouve dans ses souvenirs d'enfance une illustration très personnelle de cet amour teinté d'irrationalité :

« *Lorsque j'étais enfant, j'aimais une fille de mon âge, qui était un peu louche[1] ; au moyen de quoi, l'impression qui se faisait par la vue en mon cerveau, quand je regardais ses yeux égarés, se joignait tellement à celle qui s'y faisait aussi pour émouvoir en moi la passion de l'amour, que longtemps après, en voyant des personnes louches, je me sentais plus enclin à les aimer qu'à en aimer d'autres, pour cela seul qu'elles avaient ce défaut ; et je ne savais pas néanmoins que ce fût cela. Au contraire, depuis que j'y ai fait réflexion, et que j'ai reconnu que c'était un défaut, je n'en ai plus été ému[2].* »

L'amour impulsif et irraisonné de Descartes pour les personnes affectées de strabisme souligne l'irrationalité du désir. Descartes aime les personnes qui louchent par une habitude : une impression d'enfance lui fait associer le strabisme aux personnes désirables. Cet exemple célèbre souligne également la relative faiblesse de l'irrationalité des désirs. Certes, le désir initial de Descartes repose sur une illusion : le strabisme n'est pas particulièrement attirant. Mais cette illusion est facile à dissiper : il suffit à Descartes de raisonner pour se débarrasser et de l'illusion et de son désir. Autrement dit, l'irrationalité des désirs oppose une faible résistance à la puissance de la raison.

La force de l'illusion et la puissance du désir

La façon dont Descartes décrit la mécanique du désir amoureux peut sembler naïve. Est-il si facile de dissiper les illusions ? Suffit-il de raisonner pour se guérir d'un amour mal dirigé ? Suffit-il de réfléchir pour se guérir d'une passion amoureuse ?

---

1. Descartes entend par « personne louche » les personnes affectées de strabisme et non les personnes suspectes ou inquiétantes.
2. Lettre à Chanut du 6 juin 1647.

De nombreux exemples nous incitent généralement à plus de prudence. Swann, le héros de Proust, est le modèle de l'amoureux qui ne parvient pas, à force de raisonnements ou de volonté, à se guérir de son amour pour Odette : dans *Un amour de Swann*, il lutte contre les illusions qui font naître son amour et contre les illusions que suscite cet amour. Sans succès. On ne se débarrasse peut-être pas aussi facilement que cela de l'amour pour les filles un peu louches...

La guerre du désir n'aura pas lieu

Pour Descartes, il ne peut pas y avoir de conflit entre la raison et le désir. En effet, le désir procède de l'âme. Or, l'âme se distingue du corps par le fait qu'elle n'est pas étendue et n'est donc pas divisible. En conséquence, il convient d'écarter l'idée d'origine platonicienne[1] selon laquelle le désir est une source de discorde à l'intérieur de l'âme, entre différentes parties de l'âme :

> « (...) *il n'y a en nous qu'une seule âme, et cette âme n'a en soi aucune diversité de parties ; la même qui est sensitive est raisonnable, et tous ses appétits sont des volontés. L'erreur qu'on a commise en lui faisant jouer divers personnages, qui sont ordinairement contraires les uns aux autres, ne vient que de ce qu'on n'a pas bien distingué ses fonctions d'avec celles du corps, auquel seul on doit attribuer tout ce qui peut être remarqué en nous qui répugne à notre raison*[2]. »

La division entre, d'une part, l'âme et la raison et, d'autre part, les désirs et les passions est artificielle. Elle procède d'une mauvaise compréhension du caractère immatériel, non spatial et non divisible de l'âme. Pour Descartes, dire que les désirs sont en conflit avec la raison est une métaphore inexacte. Même les philosophes peuvent être victimes de cette image poétique.

---

1. *Cf.* chapitre 1.
2. *Passions de l'âme*, art. 47, édition citée, p. 129.

Le conflit tragique entre la raison et les désirs

Blaise Pascal[1], à la suite de Platon, considère que l'irrationalité du désir est une source de dissensions internes pour l'homme. Les effets de cette guerre intérieure sont dévastateurs :

« Guerre intestine de l'homme entre la raison et les passions. S'il n'avait que la raison sans passions... S'il n'avait que les passions sans la raison... Mais ayant l'un et l'autre, il ne peut être sans guerre, ne pouvant avoir la paix avec l'un qu'ayant la guerre avec l'autre : ainsi il est toujours divisé, et contraire à lui-même[2]. » Pour Pascal, le désir enferme l'homme dans une condition tragique : il est toujours écartelé entre deux tendances.

Descartes refuse l'idée d'un affrontement interne, d'un conflit tragique et d'un déchirement inéluctable de l'homme entre ses désirs et sa raison : les désirs peuvent être aisément supprimés ou corrigés par la raison. La guerre interne est évitée parce que les puissances respectives des adversaires ne sont pas comparables. La mise en œuvre d'une morale du contrôle des désirs s'en trouve-t-elle facilitée pour autant ?

Le désir, entre le bien et le mal

L'ambivalence morale du désir

Si le désir est aisément maîtrisé par la raison et si les illusions du désir sont facilement dissipées par la réflexion, faut-il en déduire que les désirs ne peuvent être dirigés que vers ce qui est réellement bien, beau ou vrai ? Pour Descartes, ceux des philosophes qui ont défendu cette idée se trompent sur l'objet du désir :

« Je sais bien que communément dans l'École[3] *on oppose la passion qui tend à la recherche du bien, laquelle*

---

1. Mathématicien, physicien, théologien et philosophe français (1623-1662).
2. Pascal, *Pensées*, Gallimard, collection « La Pléiade », Paris, 1954, p. 1168.
3. Descartes appelle « École » la Sorbonne et les universités traditionnelles.

seule on nomme désir, à celle qui tend à la fuite du mal, laquelle on nomme aversion[1]. »

Pour Descartes, les désirs sont libres. Ils peuvent se porter sur le bien apparent, sur le bien réel mais également sur le mal qu'on prend pour un bien et même sur le mal qu'on identifie comme un mal. La grandeur de la liberté humaine est qu'elle peut poursuivre aussi ce qu'elle sait être mal. Descartes se démarque ici aussi bien de Pascal que d'Épicure : le désir n'est ni mauvais en soi ni bon en soi. Le désir n'est ni une force nécessairement maléfique ni une puissance nécessairement bénéfique.

Les désirs sont utiles au corps

Les désirs n'ont pas à être évalués d'abord à l'aune du bien et du mal. Ils sont à apprécier en fonction de leur utilité. En effet, pour Descartes, l'objet premier du désir n'est pas de poursuivre le bien ou le mal. Le désir est la conséquence d'une action du corps sur l'âme destinée à signifier à l'esprit quelles choses sont convenables ou au contraire nuisibles au composé d'âme et de corps. Le désir, comme toutes les passions de l'âme, sont d'abord des phénomènes vitaux qui dérivent du fait que nous sommes des composés de corps et d'âme. Comme corps et âme sont distincts, les besoins du corps ne sont pas immédiatement identifiés par l'âme. Les passions sont les manifestations du dialogue entre le corps et l'âme. Ils indiquent à l'âme qu'elles sont les volontés nécessaires au corps :

> *« Car il est besoin de remarquer que le principal effet de toutes les passions dans les hommes est qu'elles incitent et disposent leur âme à vouloir les choses auxquelles elles préparent leur corps : en sorte que le sentiment de peur l'incite à vouloir fuir, celui de la hardiesse à vouloir combattre, et ainsi des autres[2]. »*

---

1. *Passions de l'âme*, article 87, édition citée, p. 152.
2. *Ibidem*, art. 40, édition citée, p. 124-125.

Si les désirs peuvent porter sur des buts apparemment utiles et en réalité néfastes, c'est que des erreurs de jugement peuvent être commises. Je peux croire que tel soda me permet d'apaiser la soif alors qu'en fait il la renforce. C'est seulement que je me trompe sur la vertu désaltérante de la boisson en raison de sa belle couleur, de son odeur... ou des publicités qui vantent sa fraîcheur. Là encore, le désir n'est pas à supprimer au motif qu'il serait en fait nuisible au corps. Il suffit de rectifier ses jugements, de voir que l'eau claire désaltère mieux que le soda et de désirer en conséquence :

> « [...] enfin le désir d'acquérir ce qui peut faire qu'on continue en cette joie, ou bien qu'on jouisse encore après d'une semblable. Ce qui fait voir qu'elles sont toutes [...] très utiles au regard du corps[1]. »

Pour Descartes, les désirs ne sont pas des appétits gratuits, vains ou aberrants. Ils ont la fonction vitale de conserver la vie du corps. Certes, ils peuvent se tromper, mais l'erreur à l'origine de leur direction peut être corrigée.

La morale des désirs consiste moins à censurer ses désirs qu'à corriger ses jugements.

Vers une hiérarchie des désirs

Les désirs sont des phénomènes vitaux liés aux mécanismes du corps. Ils ne sont pourtant pas amoraux. Autrement dit, ils ne se situent pas dans un domaine où la morale n'a pas à se prononcer. Par exemple, ils sont différents de la digestion : personne n'émet de jugement moral sur la qualité de la digestion. Les hommes ne se blâment pas (ni ne se louent) les uns les autres en fonction de la qualité de la digestion. Les mouvements inévitables du corps ne font pas l'objet d'une appréciation morale.

Cela n'est pas le cas des désirs. Ils sont certes des mouvements vitaux liés au corps. Mais ils sont des altérations de l'âme et sont, à ce titre de notre responsabilité. On blâme ou on loue les hommes en fonction de ce qu'ils désirent. Il y a donc un sens à les évaluer

---

1. *Ibidem*, article 137, édition citée, p. 183.

et à les hiérarchiser. Par exemple, tous les désirs amoureux ne se valent pas, du point de vue de la morale :

> « *On peut ce me semble, avec meilleure raison, distinguer l'amour par l'estime qu'on fait de ce qu'on aime à comparaison de soi-même. Car lorsqu'on estime l'objet de son amour moins que soi, on n'a pour lui qu'une simple affection ; lorsqu'on l'estime à l'égal de soi, cela se nomme amitié ; et, lorsqu'on l'estime davantage, la passion qu'on a peut être nommée dévotion*[1]. »

Descartes recommande d'évaluer un désir selon plusieurs critères. Il faut savoir avant tout ce qu'il vise. S'il vise le bien réel identifié rationnellement, il est louable moralement. Il faut donc l'évaluer en fonction de la vérité des jugements qui sont à leur origine :

> « *(...) il est toujours bon lorsqu'il suit une vraie connaissance, ainsi il ne peut manquer d'être mauvais lorsqu'il est fondé sur quelque erreur*[2]. »

Or, les désirs ne s'accompagnent pas nécessairement d'une connaissance parfaite :

> « *(...) l'expérience fait voir que ceux qui sont les plus agités par leurs passions ne sont pas ceux qui les connaissent le mieux*[3]. »

En conséquence, l'effort du moraliste pour redresser les désirs et les orienter vers le bien nécessite un effort de redressement des opinions. Ce dont a besoin le désir, c'est d'être libéré des pensées confuses :

> « *Et il faut exactement remarquer que ce que je viens de dire de ces [...] passions n'a lieu que lorsqu'elles sont*

---

1. *Passions de l'âme*, article 84, édition citée, p. 149-150.
2. *Ibidem*, article 144, édition citée, p. 187.
3. *Ibidem*, article 28, édition citée, p. 117.

considérées précisément en elles-mêmes, et qu'elles ne nous portent à aucune action. Car en tant qu'elles excitent en nous le désir, par l'entremise duquel elles règlent nos mœurs, il est certain que toutes celles dont la cause est fausse peuvent nuire et qu'au contraire toutes celles dont la cause est juste peuvent servir[1]. »

Le désir, entre maîtrise et dressage

L'intuition initiale de Descartes est que la connaissance claire et distincte constitue un remède souverain contre le désir du mal. Autrement dit, pour guérir le Swann de Proust de sa jalousie maladive, il suffirait de le raisonner : lui montrer les défauts d'Odette, lui expliquer les conséquences funestes de son amour pour ses dispositions à la création artistique, etc. Tout cela devrait suffire à faire disparaître le désir ou à le réorienter.

Toutefois, Descartes ne reste pas sur cette position. Au fil de sa correspondance avec la princesse Élisabeth, il abandonne progressivement de son intellectualisme moral (il suffit de connaître le vrai pour bien désirer) vers une approche plus pragmatique des désirs (il est nécessaire de s'exercer pour bien désirer).

Une morale des désirs est nécessaire et possible

Si les désirs ne sont pas intrinsèquement mauvais ou maléfiques, ils ne sont pas sans une certaine nocivité. En effet, ils sont particulièrement puissants :

« Enfin, je remarque cela de particulier dans le désir qu'il agite le cœur plus violemment qu'aucune des autres passions et fournit au cerveau plus d'esprits ; lesquels passant de là dans les muscles rendent tous les sens plus aigus et toutes les parties du corps plus mobiles[2]. »

1. *Ibidem*, article 143, édition citée, p. 187.
2. *Ibidem*, article 101, édition citée, p. 161.

La puissance des désirs provient du fait qu'ils se sont développés en nous avant l'âge de raison. A ce moment-là, nous étions enfants et notre raison ne nous permettait pas d'avoir un empire complet sur nos désirs :

> « *Enfin tous les premiers désirs que l'âme peut avoir eus, lorsqu'elle était nouvellement jointe au corps, ont été de recevoir les choses qui lui étaient convenables et de repousser celles qui lui étaient nuisibles. [...] Ce qui est cause que maintenant, quand l'âme désire quelque chose, tout le corps devient plus agile, et plus disposé à se mouvoir, qu'il n'a coutume d'être sans cela. Et lorsqu'il arrive d'ailleurs que le corps est ainsi disposé, cela rend les désirs de l'âme plus forts et plus ardents[1].* »

Comme les désirs sont puissants et ne sont pas toujours très éclairés, il est nécessaire de fonder une morale. Et comme les désirs sont des mouvements de notre âme, notre raison et notre volonté peuvent les infléchir, les supprimer ou encore les modifier :

> « *Mais pour ce que ces passions ne nous peuvent porter à aucune action que par l'entremise du désir qu'elles excitent, c'est particulièrement ce désir que nous devons avoir soin de régler, et c'est en cela que consiste la principale utilité de la morale[2].* »

Descartes définit ici la morale comme portant principalement sur les désirs. La morale n'est rien d'autre que la maîtrise des désirs.

La toute-puissance et de la volonté sur les désirs

La meilleure façon de maîtriser les désirs, c'est de fournir un effort de connaissance et de volonté. La raison et la volonté humaines sont en notre pouvoir car elles sont incorporelles et immatérielles :

---

1. *Ibidem*, article 111, édition citée, p. 167.
2. *Ibidem*, article 144, édition citée, p. 187.

« *Que nous pouvons faire une même chose ou ne la faire pas, c'est-à-dire affirmer ou nier, poursuivre ou fuir une même chose ; ou plutôt ceci : que pour affirmer ou nier, poursuivre ou fuir les choses que l'entendement nous propose, nous agissons de telle sorte que nous ne sentons pas qu'aucune force extérieure nous y contraigne[1].* »

Toute la morale de Descartes repose sur cette opposition entre, d'une part, la liberté de l'âme, de la raison et de la volonté et, d'autre part, les contraintes du corps. Le premier effort à fournir est de corriger les opinions erronées à l'origine de certains désirs :

« *Et il me semble que l'erreur qu'on commet le plus ordinairement, touchant les désirs, est qu'on ne distingue pas assez les choses qui dépendent entièrement de nous de celles qui n'en dépendent point[2].* »

Descartes défend donc une morale de type stoïcien : il convient de désirer uniquement ce que nous savons avec certitude et raison être entièrement en notre pouvoir :

« *Ma troisième maxime était de tâcher toujours plutôt à me vaincre que la fortune, et à changer mes désirs que l'ordre du monde, et généralement de m'accoutumer à croire qu'il n'y a rien qui soit entièrement en notre pouvoir que nos pensées, en sorte qu'après que nous avons fait notre mieux touchant les choses qui nous sont extérieures, tout ce qui manque de nous réussir est au regard de nous absolument impossible[3].* »

Connaître avec exactitude et vouloir avec rectitude suffisent, selon Descartes pour se guérir de tous les désirs inappropriés. Ainsi, pour consoler son ami le physicien Huygens de la mort de son épouse, il lui recommande de cesser de croire que la résurrection

---

1. *Méditations métaphysiques*, quatrième méditation, p. 94.
2. *Passions de l'âme*, art. 144, édition citée, p. 187.
3. René Descartes, *Discours de la méthode*, partie III, p. 97.

de sa femme est possible[1]. Descartes fait ici le stoïcien[2]. Le désir doit être réglé sur la distinction entre ce qui dépend de nous et ce qui n'en dépend pas :

> « *Mais pour ce que la plupart de nos désirs s'étendent à des choses qui ne dépendent pas toutes de nous, ni toutes d'autrui, nous devons exactement distinguer en elles ce qui ne dépend que de nous, afin de n'étendre notre désir qu'à cela seul*[3]. »

La force d'âme ne suffit pas

Face à des infortunes répétées, il est bien difficile à Descartes de prôner une approche uniquement intellectuelle des désirs. Quand on voit tous ses désirs contrariés, comment préserver la sérénité ? À l'épreuve des faits, Descartes fait évoluer sa philosophie des désirs.

La princesse Élisabeth et les limites du volontarisme cartésien

Les échanges de lettres avec la princesse Élisabeth de Bohème sont manifestement à l'origine de l'évolution de Descartes. La princesse subit des revers de fortune nombreux et répétés : son père est détrôné ; elle est contrainte à l'exil ; elle est réduite à une vie de réelle pauvreté ; son oncle, le roi d'Angleterre, est décapité par les révolutionnaires anglais ; elle est poursuivie pour complot et elle tombe gravement malade. Ses désirs sont si fortement contrariés qu'il ne lui suffit pas de bien penser ou de bien vouloir pour cesser de désirer un meilleur sort : « *Je ne saurais encore me débarrasser du doute, si on peut arriver à la béatitude dont vous parlez, sans l'assistance de ce qui ne dépend pas absolument de la volonté*[4]. »

1. Lettre à Huygens du 20 mai 1637.
2. *Cf.* chapitre 3 du présent ouvrage.
3. *Passions de l'âme*, article 145, édition citée, p. 190.
4. Lettre de la princesse Élisabeth à Descartes du 16 août 1646.

Pour tenir compte de ce démenti existentiel et théorique, Descartes reconnaît qu'un simple effort de volonté ne suffit pas pour infléchir les désirs. Il écrit le traité *Les passions de l'âme* pour mieux rendre compte de la complexité des relations entre volonté et désirs :

> « *Nos passions ne peuvent pas aussi directement être excitées ni ôtées par l'action de notre volonté ; mais elles peuvent l'être indirectement par la représentation des choses qui ont coutume d'être jointes avec les passions que nous voulons avoir, et qui sont contraires à celles que nous voulons rejeter. Ainsi, pour exciter en soi la hardiesse et ôter la peur, il ne suffit pas d'en avoir la volonté, mais il faut s'appliquer à considérer les raisons, les objets ou les exemples qui nous persuadent que le péril n'est pas grand*[1]. »

Si un simple effort de volonté et de raisonnement ne suffit pas à modifier, supprimer ou réorienter les désirs, c'est parce qu'ils sont liés au corps[2]. Les mécanismes du corps causent des répétitions et génèrent des habitudes. Le corps prend l'habitude de se diriger vers le soda quand il éprouve la soif. Les impressions transmises à l'âme reproduisent ces habitudes. La répétition enracine progressivement le désir de soda dans l'âme et dans le corps. La volonté, éclairée par la connaissance, peut s'insurger contre les tendances acquises conjointement par le corps et l'esprit. Mais son intervention ne suffit pas à supprimer en moi l'habitude de me désaltérer avec des sodas.

Éducation des désirs et régimes amincissants

L'importance des habitudes dans les désirs est soulignée dans les régimes amincissants. Toute la difficulté de ces régimes est qu'il ne suffit pas de savoir que le sucre, la graisse ou tel aliment est mauvais pour ma ligne et pour ma santé. Il faut contracter, progressivement et douloureusement, d'autres habitudes alimentaires.

---

1. *Passions de l'âme*, art. 45, édition citée, p. 127-128.
2. *Ibidem*, article 46, édition citée, p. 128.

Le pouvoir de la discipline

Si Descartes réévalue la puissance des désirs, l'importance du corps et le poids des habitudes, il refuse pourtant de considérer que les hommes sont démunis face aux désirs. L'un des articles les plus importants des *Passions de l'âme* est intitulé comme suit :

> « *Article 50 – Qu'il n'y a point d'âme si faible qu'elle ne puisse, étant bien conduite, acquérir un pouvoir absolu sur ses passions*[1]. »

La cause de la formation et de la puissance des désirs est la répétition d'associations. Je désire du cassoulet car je calme habituellement ma faim avec cette nourriture. Faim et cassoulet se trouvent associés, bien au-delà du nécessaire car j'en viens à désirer du cassoulet alors même que ma faim est légère.

Toutefois, le remède se trouve dans le mal. Il suffit de répéter des expériences malheureuses pour casser le cercle de l'association entre un mets qu'on cherche à éviter et la faim :

> « *Ainsi lorsqu'on rencontre inopinément quelque chose de fort sale en une viande qu'on mange avec appétit, la surprise de cette rencontre peut tellement changer la disposition du cerveau qu'on ne pourra plus voir par après de telle viande qu'avec horreur, au lieu qu'on la mangeait auparavant avec plaisir*[2]. »

Pour me guérir de l'habitude de manger du cassoulet constamment, il convient seulement de répéter cette expérience malheureuse.

Le dressage comme modèle

Pour Descartes, la figure emblématique de l'éducation des désirs est celle du dressage du chien de chasse[3]. Le chien, instinctivement, court après le gibier pour le

---

1. *Ibidem*, article 50, édition citée, p. 133.
2. *Ibidem*, article 50, édition citée, p. 133.
3. *Ibidem*, article 50, édition citée, p. 133.

saisir. Pour aider à la chasse, il doit être dressé : à force de répétitions, il convient de faire en sorte que le chien, dès qu'il voit un gibier, marque l'arrêt.

Le dressage des chiens de chasse montre que même des êtres dépourvus de raison peuvent acquérir des habitudes diamétralement opposées à leurs désirs initiaux. A *fortiori*, à l'aide des représentations, des raisonnements et de son libre arbitre, l'homme peut lui aussi infléchir ses désirs d'une façon aussi drastique.

Désirer avec constance tout le bien qui dépend de nous

Suffit-il d'éclairer et de dresser les désirs pour agir de façon morale ? Pour Descartes, le principal danger qui met en cause la moralité de nos actes, ce n'est pas l'irrationalité des désirs ou leur caractère maléfique. La principale difficulté vient de la constance avec laquelle nous désirons le bien :

> « *C'est suivre la vertu que de faire les choses bonnes qui dépendent de nous, et il est certain qu'on ne saurait avoir un désir trop ardent pour la vertu, outre que ce que nous désirons en cette façon ne pouvant manquer de nous réussir, puisque c'est de nous seuls qu'il dépend, nous en recevrons toujours toute la satisfaction que nous en avons attendue. Mais la faute qu'on a coutume de commettre en ceci n'est jamais qu'on désire trop, c'est seulement qu'on désire trop peu. Et le souverain remède contre cela est de se délivrer l'esprit, autant qu'il se peut, de toutes sortes d'autres désirs moins utiles, puis de tâcher de connaître bien clairement, et de considérer avec attention, la bonté de ce qui est à désirer*[1]. »

Désirer activement tout le bien qui dépend de nous est une exigence particulièrement difficile à remplir. Connaître avec exactitude ce qui est réellement bon, apprendre à contracter les bonnes habitudes, distinguer ce qui est en notre pouvoir et ce qui

---

1. *Ibidem*, article 144, édition citée, p. 188.

relève de l'ordre du monde, etc., toutes ces opérations sont des conditions nécessaires mais pas suffisantes pour être vertueux. Il faut également montrer une réelle constance dans ses désirs. Or, l'irrésolution est un défaut couramment répandu.

L'irrésolution comme mode de vie

L'inconstance est un défaut apparemment mineur mais fort répandu. Flaubert moque le ridicule de Bouvard et Pécuchet qui changent tous les six mois de mode de vie. Tchékhov souligne lui le tragique d'une existence d'où la force d'âme est absente dans *Trois sœurs*. Les trois filles d'un général récemment défunt essayent, toute leur vie, de se résoudre à quitter leur bourgade de province pour retourner à Moscou. Les circonstances et leur faiblesse de caractère les conduisent à rester en province et à vivre une vie de frustrations. Elles ne cessent de répéter, au fil des actes, qu'elles iront « à Moscou, à Moscou... » et ne parviennent pas à réaliser un désir à leur portée, par manque de volonté.

Pour parvenir à une certaine constance dans ses désirs, il faut acquérir une vertu nouvelle : ce que Descartes appelle « la générosité ». Pour être moral, il convient non seulement d'avoir des connaissances exactes mais aussi d'être « généreux » :

> « *Ainsi, je crois que la vraie générosité, qui fait qu'un homme s'estime au plus haut point qu'il se peut légitimement estimer, consiste seulement en ce qu'il connaît qu'il n'y a rien qui véritablement lui appartienne que cette libre disposition de ses volontés (...) et en partie en ce qu'il sent en soi-même une ferme et constante résolution d'en bien user, c'est-à-dire de ne manquer jamais de volonté pour entreprendre et exécuter toutes les choses qu'il jugera être les meilleures. Ce qui est suivre parfaitement la vertu*[1]. »

---

1. *Ibidem*, article 153, édition citée, p. 195.

Pour finir...

La conception des désirs développée par Descartes est profondément marquée par sa réflexion sur les relations entre l'âme et le corps. Si les désirs sont des phénomènes psychiques et non pas corporels, ils sont indissociables de notre corps. À nous de les éduquer en conséquence...

5/ Spinoza

ou le désir comme essence de l'homme

Pour commencer...

Baruch Spinoza naît en 1632 à Amsterdam, dans une famille de « marranes » : ce sont des juifs qui, au XVIe siècle, ont été chassés d'Espagne et du Portugal par les « rois catholiques ». Ils se sont réfugiés aux Pays-Bas où l'intolérance religieuse était alors moins grande.

Au sein de cette communauté, Spinoza suit des études religieuses et commerciales puis commence à travailler dans la maison de négoce familiale. Sa trajectoire professionnelle est classique. Mais son itinéraire intellectuel est original : il exprime des idées en opposition avec les courants religieux et intellectuels dominants. En 1656, c'est la rupture : il est exclu de la synagogue d'Amsterdam pour hérésie, est chassé de sa famille et est même attaqué au couteau par un fanatique religieux.

Il entame alors une vie à l'écart des communautés religieuses établies. Il fréquente les milieux intellectuels des chrétiens dissidents, apprend le latin (langue scientifique de l'époque) et étudie les philosophies contemporaines (tout particulièrement celle de Descartes). Il habite successivement plusieurs villes des Pays-Bas. Il subvient à ses besoins en devenant fabricant de lentilles d'optique, domaine de haute technologie au XVIIe siècle et profession indépendante.

Dès 1661, il se met à l'écriture philosophique. Il commence un *Traité de la réforme de l'entendement* qu'il laisse inachevé. Surtout, il entreprend la composition de son œuvre maîtresse : l'*Éthique*. En 1665, il décide d'intervenir dans le débat public : pour soutenir le parti républicain contre les menées monarchistes, il interrompt son travail sur l'*Éthique*, s'installe à La Haye, capitale des républicains, et rédige le *Traité théologico-politique*. C'est un réquisitoire aussi érudit que vigoureux contre le fanatisme religieux et l'autoritarisme politique. Le texte paraît en 1770, de façon anonyme. Mais Spinoza est rapidement identifié comme son auteur. Le livre fait l'unanimité contre lui : catholiques, juifs, calvinistes, luthériens et cartésiens vilipendent l'ouvrage. Les républicains ne défendent même pas l'ouvrage. C'est à ce moment-là que l'adjectif « spinoziste » apparaît.

Il devient une insulte synonyme d'« athée », de « subversif » et d'« immoral ». Il sera utilisé dans ce sens jusqu'au XIXᵉ siècle au moins. En 1772, les chefs du parti républicain sont assassinés. Spinoza est contraint à une discrétion confinant à la clandestinité. Il essaie, quelques années plus tard, de publier une partie de l'*Éthique*. Mais il fait l'objet de poursuites judiciaires, comme il l'explique à l'un de ses correspondants :

> « *Des théologiens en prirent occasion pour déposer ouvertement une plainte contre moi auprès du prince et des magistrats ; de sots cartésiens, pour écarter le soupçon de m'être favorables, ne cessaient pas et continuent d'afficher l'horreur de mes opinions et de mes écrits*[1]. »

Achevée en 1675, l'*Éthique* ne pourra pas être publiée du vivant de Spinoza. En 1673, une chaire de philosophie est proposée à Spinoza par la prestigieuse université de Heidelberg en Rhénanie. Il refuse, autant en raison de son piètre état de santé que de ses convictions. Il écrit à ce propos :

> « *N'ayant jamais été tenté par l'enseignement public, je n'ai pu me déterminer, bien que j'y aie longuement réfléchi, à saisir cette magnifique occasion*[2]. »

De l'achèvement de l'*Éthique* à sa mort, en 1677, Spinoza vit solitaire dans les environs de La Haye et élabore un *Traité politique*, qui restera inachevé.

Aujourd'hui célébrée comme une des plus grandes philosophies de l'âge classique (avec celles de Descartes et de Leibniz), la pensée de Spinoza a, pendant des siècles, été honnie, attaquée et décriée. Pourquoi tant de violence ?

Première cause de scandale, l'identification de Dieu et du monde. Pour Spinoza, le créateur et la création sont un seul et même être, la nature. Sa plus célèbre formule est :

---

1. Lettre 68 à Oldenburg. La correspondance de Spinoza présente de façon très structurée bien des points de sa pensée, notamment sur la question du mal.
2. Lettre 48 à Fabritius.

« *Dieu, autrement dit la nature.* »

Pour les théologiens ennemis de Spinoza, cette confusion est inacceptable car elle est soit *panthéiste* (Dieu est tout, même le mal) soit *athée* (il n'y a pas de Dieu créateur, législateur universel ou juge des hommes).

Deuxième motif de rejet, l'homme de Spinoza est une partie de la nature. L'homme est donc un aspect ou un « mode » de Dieu. Certes, Dieu est infini alors que l'homme est un volet fini de la nature. Toutefois, l'homme, comme Dieu, n'a que deux dimensions : la matière et l'esprit. Cette thèse soulève des protestations religieuses à deux titres : d'une part, l'homme n'est pas « à l'image de Dieu », comme l'indique la *Bible*, mais il est Dieu ; d'autre part, l'homme est soumis au même déterminisme que le reste de la nature. Sa liberté entendue au sens traditionnel est illusoire.

Ces thèses donnent naissance à une philosophie du désir en rupture non seulement avec Descartes[1], mais aussi avec la plupart des traditions morales.

Traiter les désirs comme des phénomènes naturels

L'originalité de Spinoza est de promouvoir une approche scientifique du désir. Pour traiter du désir de façon adéquate, exacte et efficace, il faut renoncer aux préjugés moraux, moralistes et moralisateurs. Il convient d'adopter une démarche objective.

Les désirs ne peuvent pas être anti-naturels

Spinoza s'inscrit en faux contre l'approche traditionnelle du désir défendue par les moralistes et les religieux. Pour ceux-ci, l'axiome premier est que les désirs sont des phénomènes aberrants, dangereux, car contre-nature. Dans la partie III de l'*Éthique*, Spinoza décrit ainsi les discours tenus usuellement sur les passions, les sentiments et les désirs :

---

1. *Cf.* chapitre 4.

« La plupart de ceux qui ont parlé des sentiments et des conduites humaines paraissent traiter, non de choses naturelles qui suivent les lois ordinaires de la Nature, mais de choses qui seraient hors Nature[1]. »

Ordinairement, les désirs sont traités comme s'ils étaient hors de la nature et donc comme s'il existait autre chose que la nature. Or, pour Spinoza, il n'y a qu'une seule et unique réalité, Dieu, autrement dit la nature :

« En dehors de Dieu, nulle substance n'est, ni ne peut être conçue[2]. »

Tout ce qui est, est une partie de la nature et ce qui n'est pas dans la nature n'est pas. En d'autres termes, tout ce qui existe est divin, y compris les désirs. Il est profondément illusoire de traiter des désirs humains comme s'ils étaient des réalités contraires à Dieu ou sataniques. Cessons de traiter les désirs comme s'ils étaient hors nature, contre-nature ou non naturels, voilà la première recommandation de Spinoza. Identifions leur nature divine, voilà la seconde.

Phénomènes naturels et désirs

Dans ses romans, l'écrivain russe Léon Tolstoï dresse des parallèles entre des phénomènes naturels (tempêtes, cycle des saisons, vent, etc.) et des états d'âme. Par exemple, dans *Anna Karenine*, le désir humain est figuré par le passage de la canicule à l'orage. Naturels, les désirs doivent néanmoins être combattus, pour Tolstoï, y compris dans la vie conjugale, comme il le soutient dans *La sonate à Kreutzer*. Les désirs tolstoïens ont beau être naturels, ils ne sont pas toujours divins.

---

1. *Éthique*, partie III, De l'origine et de la nature des sentiments, préface.
2. *Ibidem*, partie I, De Dieu, proposition 15, démonstration.

Les désirs humains n'échappent pas au déterminisme universel

La deuxième critique que Spinoza adresse aux moralistes traditionnels porte sur leur façon de penser l'homme :

> « *On dirait qu'ils conçoivent l'homme dans la nature comme un empire dans un empire*[1]. »

Cette expression célèbre vise tout particulièrement les stoïciens[2] et ceux qui adoptent leurs thèses principales sur la liberté humaine, comme Descartes[3]. Pour filer la métaphore : si l'homme était un empire dans un empire, il pourrait, à l'intérieur de son royaume, disposer de ses sujets comme bon lui semble. Ses désirs seraient comme ses sujets. L'homme aurait pouvoir de vie et de mort sur eux. Par exemple, on pourrait décider, d'un seul coup, de cesser d'avoir soif ou de cesser d'aimer manger de la crème chantilly à toute heure du jour et de la nuit.

Pour Spinoza, cette conception de l'homme est naïve : chaque homme n'est qu'une partie, un aspect ou un volet (Spinoza écrit « un mode ») de Dieu ou de la nature. Les « lois ordinaires » qui régissent la nature ne s'arrêtent pas aux frontières du sujet humain, comme le soutiennent les moralistes :

> « *Ils croient que l'homme trouble l'ordre de la nature plutôt qu'il ne le suit, qu'il a sur ses actions une puissance absolue et qu'il n'est déterminé que par soi*[4]. »

La position de Spinoza contredit l'idée d'un libre arbitre humain qui serait une exception au milieu d'un univers régi par la nécessité[5]. L'homme n'est pas libre d'enfreindre l'ordre immuable et nécessaire des causes et des effets. Les désirs humains sont des phénomènes naturels réglés par les mêmes

---

1. *Ibidem*, partie III, De l'origine et de la nature des sentiments, préface.
2. *Cf.* chapitre 3.
3. *Cf.* chapitre 4.
4. *Éthique*, partie III, De l'origine et de la nature des sentiments, préface.
5. Sur le « déterminisme spinoziste », *cf.*, dans la même collection, Cyril Morana et Éric Oudin, *La liberté*, p. 60.

lois naturelles que tous les autres phénomènes : la chute des corps, la reproduction des cellules, la formation des courants marins, les tremblements de terre... Il est donc absurde de parler de désirs contre-nature.

Des désirs contre-nature ?

Bien des désirs sont condamnés comme étant contre-nature. Pensons au statut de l'homosexualité dans les sociétés chrétiennes, juives ou musulmanes traditionnelles. Pour Spinoza, les notions de « désirs contre-nature », de « désirs non naturels » ou de « désirs anti-naturels » sont vides de sens : du moment qu'ils existent, ces désirs sont des phénomènes de la nature et des expressions de Dieu.

Haine du désir et mépris de la nature humaine

Pour Spinoza, les moralistes méprisent en fait les hommes et leurs désirs. Ils sont en proie à une véritable passion anti-désirs et anti-humains. Ils croient exalter la dignité de l'homme en lui attribuant la liberté et donc un empire absolu sur ses désirs. Si l'homme est aussi puissant sur ses désirs, comment expliquer qu'il fasse le mal ? Les moralistes sont obligés d'admettre que les désirs sont vicieux ou viciés par une tare dans la nature humaine :

> « *Ils attribuent la cause de l'impuissance et de l'inconstance humaines non à la puissance ordinaire de la nature mais à je ne sais quel vice de la nature humaine*[1]. »

Les prétendus défenseurs de la dignité humaine condamnent en fait le « péché originel » qui rend vicieuses les tendances humaines. En conséquence, ils tiennent un discours indigné (ou sardonique) sur les hommes et un discours passionné (ou cynique) sur les désirs. Ils prétendent faire une « science des

---

1. *Ibidem*, partie III, De l'origine et de la nature des sentiments, préface.

mœurs[1]. » En fait, ils ne peuvent s'empêcher de déverser leur fiel sur la nature humaine :

« *Les voilà qui pleurent sur elle, se rient d'elle, la méprisent ou, le plus souvent, lui vouent de la haine[2].* »

La haine des désirs navigue de conserve avec la haine des hommes.

Le *Misanthrope* et la haine de la nature humaine

Dans la pièce *Le Misanthrope*, Molière met en scène un personnage qui suscite des controverses depuis sa création : Alceste. Pour certains spectateurs, ce personnage est un « misanthrope » au sens strict. Autrement dit, il n'aime pas les êtres humains. Dans la scène d'exposition, la discussion entre Alceste et son ami Philinte prend, il est vrai, le tour suivant :

« *Philinte : Vous voulez un grand mal à la nature humaine.*

Alceste : Oui, j'ai conçu pour elle une effroyable haine[3]. »

Pour d'autres spectateurs, Alceste est au contraire un ami du genre humain. Ce que déteste Alceste, ce ne sont pas les êtres humains, mais leurs travers : hypocrisie, orgueil, coquetterie, etc. On peut s'interroger : Alceste peut-il véritablement aimer les hommes s'il déteste tant leurs désirs (et leurs vies) ordinaires ?

Soit les textes de morale participent à la déploration ou à la moquerie des désirs humains. Soit ils exposent ce que devraient être les aspirations humaines. Mais en aucun cas ils ne disent ce qu'est le désir :

« *Sans doute n'a-t-il pas manqué d'hommes éminents [...] pour écrire sur la droite conduite de la vie beaucoup*

---

1. Le terme « éthique » signifie, selon son étymologique grecque, science ou discours sur les mœurs. Il en va de même, à partir d'une étymologie latine, pour le terme de « morale ».
2. *Éthique*, partie III, De l'origine et de la nature des sentiments, préface.
3. Molière, *Le Misanthrope*, acte I, scène 1.

de choses excellentes et pour donner aux mortels de sages conseils : mais la nature des sentiments, leur force impulsive et, à l'inverse, le pouvoir modérateur de l'esprit sur eux, personne, à ma connaissance, ne les a déterminés[1]. »

Spinoza trace ici le programme que les moralistes auraient dû adopter. Il s'agit d'une bravade car bien des philosophes, à commencer par le philosophe le plus célèbre du temps, Descartes, ont considéré qu'ils avaient entamé cette entreprise. Descartes ne prétend-il pas, au début du *Traité des passions de l'âme*, faire une science des passions ? Mais, comme l'écrit un peu cruellement Spinoza, Descartes, dans cet ouvrage :

« *[...] n'a rien montré du tout que l'acuité de son intelligence*[2]. »

Une méthode géométrique pour étudier les passions de l'âme ?

Selon Spinoza (qui se veut ici plus cartésien que Descartes), avant de juger les désirs, il faut savoir ce qu'ils sont et comment ils s'insèrent dans l'ensemble des mécanismes qui régissent la nature. Seule la fameuse « méthode géométrique » est capable d'analyser les désirs de façon scientifique :

« *Je veux donc revenir à ceux qui préfèrent haïr et railler les sentiments et les actions des hommes plutôt que de les comprendre. Sans doute leur paraîtra-t-il extraordinaire que j'entreprenne de traiter des vices et de la futilité des hommes selon la méthode géométrique, que je veuille démontrer par un raisonnement rigoureux ce qu'ils proclament être contraire à la raison, cela même qu'ils disent vain, absurde et horrifique*[3]. »

---

1. *Éthique*, partie III, De l'origine et de la nature des sentiments, préface.
2. *Ibidem*.
3. *Ibidem*.

Cette « méthode géométrique » est plus qu'une présentation originale du texte de l'*Éthique* sous une forme mathématique. Le lecteur est souvent effrayé quand il ouvre l'*Éthique* : tout le texte se présente comme un traité mathématique avec des définitions, des axiomes, des propositions, des démonstrations, des scolies, etc. Le modèle est le traité fondateur de la géométrie : *Les éléments* d'Euclide. Mais il ne s'agit pas d'une coquetterie d'auteur pour impressionner ses adversaires. Ce choix de forme a une signification éthique de fond : les désirs, les appétences, les aspirations des hommes ne sont pas contraires à la raison. Ils peuvent être analysés de façon si rationnelle que même le discours le plus scientifique (le discours mathématique) peut en rendre compte :

> « *Je traiterai donc de la nature et de la force impulsive des sentiments et de la puissance de l'esprit sur eux selon la même méthode qui m'a précédemment servi en traitant de Dieu et de l'Esprit, et je considérerai les actions et les appétits humains de même que s'il était question de lignes, de plans et de corps[1].* »

En morale, les différences de style sont des différences de fond.

L'*Éthique* de Spinoza
contre les moralistes du Grand Siècle

Si Spinoza écrit son *Éthique* selon la « méthode géométrique », certains moralistes de son époque pensent que l'analyse des désirs, des travers et des vices des hommes répugne tellement à la raison qu'il est impossible d'en rendre compte par le discours rationnel. Aussi, ils choisissent d'autres formes. Les plus grands moralistes français du XVIIe siècle (celui qu'on appelle souvent le Grand Siècle) choisissent des formes qui ne sont volontairement pas philosophiques, rationnelles ou scientifiques. La Fontaine[2] choisit les

---

1. *Ibidem.*
2. 1621-1695.

Fables, La Rochefoucauld[1] des *Maximes* et La Bruyère[2] des portraits qu'il rassemble dans *Les caractères*.

Le désir, élan fondamental de la nature

Le désir d'être, un principe universel

Le désir est un type d'aspiration qui excède largement la sphère humaine. Le fond de la réalité, de la nature et de Dieu (ces termes sont synonymes), c'est la tendance à continuer à être. Spinoza appelle cette tendance le *conatus* ou « effort » en latin :

> « *Toute chose s'efforce, autant qu'il est en son pouvoir, de persévérer dans son être*[3]. »

La seule réalité existante, Dieu, a une tendance inaltérable à continuer à exister. Il en va évidemment de même pour chaque aspect, partie ou mode de cette réalité. Certes, de nombreux êtres particuliers meurent. Leur effort individuel pour continuer à exister est, comme eux, limité. Mais l'ensemble de la nature continue à être et à chercher à être. C'est la définition même de l'être. L'être c'est l'effort d'être, le *conatus* :

> « *L'effort par lequel chaque chose s'efforce de persévérer dans son être n'est rien en dehors de l'essence actuelle de cette chose*[4]. »

Le désir comme force cosmique : les pré-socratiques

Beaucoup des penseurs grecs antérieurs à Socrate (les pré-socratiques) considèrent que le désir, l'amour ou l'appétit sont des tendances générales de l'être

---

1. 1613-1680.
2. 1645-1696.
3. *Éthique*, partie III, De l'origine et de la nature des sentiments, proposition 6.
4. *Ibidem*, partie III, De l'origine et de la nature des sentiments, proposition 7.

qui débordent largement la sphère humaine. Platon expose leurs thèses dans *Le Banquet* : l'amour structure l'univers.

Le désir est l'essence de l'homme

Le désir humain est une des manifestations de la tendance fondamentale de la nature. En conséquence, de même que l'effort d'être est la nature de chaque chose, de même le désir (qui est la tendance par laquelle l'homme essaie de continuer à être) est l'essence de l'homme :

> « *L'appétit n'est donc rien d'autre que l'essence même de l'homme, et de la nature de cette essence suivent nécessairement les choses qui servent à sa conservation et par conséquent l'homme est déterminé à les faire*[1]. »

La thèse est difficile à accepter pour de nombreux philosophes. D'une part, c'est refuser de définir l'homme comme un animal doté de raison. D'autre part, c'est décrire l'essence de l'homme comme entièrement déterminée par l'ordre de la nature. Enfin, cela assigne à l'homme une vocation qui semble bien prosaïque : satisfaire au maximum son désir vital d'exister.

Définir l'homme par le désir ?

La définition spinoziste de l'homme comme désir est diamétralement opposée à la conception cartésienne de l'homme qui s'exprime dans les *Méditations métaphysiques*. Descartes, suivant toute une tradition remontant à Aristote, considère que la caractéristique distinctive de l'homme, c'est la capacité à penser et la possession de la raison. En outre, il soutient, conformément à la vision chrétienne de l'homme, que l'homme est à l'image de Dieu en raison de la possession d'une volonté libre. Si, à bien des égards, Descartes

---

1. *Ibidem*, partie III, De l'origine et de la nature des sentiments, proposition 9, scolie.

inspire profondément Spinoza, sur la question du désir et de sa place dans l'essence de l'homme, il est son adversaire principal.

Spinoza est sans doute le premier à définir l'homme comme un être de désir. Certes, Épicure place le désir au centre de sa conception de l'homme[1]. Mais il ne va pas aussi loin. Seul Freud accorde une place comparable au désir dans l'essence de l'homme.

Les particularités du désir humain

Même si le désir humain n'est qu'une manifestation d'une force universelle, il a des particularités. Le désir humain est une tendance consciente parce qu'elle est accompagnée d'idées :

> « *Entre l'appétit et le désir, il n'y a aucune différence sinon que le désir se rapporte généralement aux hommes en tant qu'ils sont conscients de leur appétit, et c'est pourquoi il peut être ainsi défini : le désir est l'appétit accompagné de la conscience de lui-même[2].* »

Par exemple, il y a une différence entre le besoin de digérer (qui n'est pas conscient) et le désir pour une belle voiture (qui est largement conscient). Cette différence, c'est la production de représentations et d'idées.

La conscience met en évidence le fait que le désir humain est un élan à la fois corporel et spirituel. Par exemple, il est inexact de dire que seul mon esprit désire connaître et seul mon corps désire manger. Tout désir s'inscrit dans les deux dimensions fondamentales de la réalité, l'esprit et la matière :

> « *Cet effort, quand il se rapporte à l'esprit seul, est appelé volonté ; mais quand il se rapporte à la fois à l'esprit et au corps, on le nomme appétit[3].* »

---

1. *Cf.* chapitre 2.
2. *Éthique*, partie III, De l'origine et de la nature des sentiments, proposition 9, scolie.
3. *Ibidem.*

Spinoza, ami des désirs, ennemi de la morale ?

La philosophie de Spinoza s'oppose à la conception traditionnelle des désirs. Elle contredit également la vision usuelle de la morale comme programme pour limiter, maîtriser, dresser ou même annihiler les désirs. Dans ces conditions, peut-on encore parler de morale ou d'éthique spinoziste ?

L'esprit ne peut maîtriser le corps

Comme Descartes, Spinoza pose que la réalité ne comporte que deux aspects : la matière et l'esprit. Mais, à la différence de Descartes, Spinoza soutient que ces deux aspects ne peuvent pas agir l'un sur l'autre :

> « Ni le corps ne peut déterminer l'esprit à penser, ni l'esprit ne peut déterminer le corps au mouvement, ou au repos, ou à quelque chose d'autre (s'il en est)[1]. »

Le corps est purement matériel alors que l'esprit est immatériel. Comment, dans ces conditions, un corps pourrait-il agir sur un esprit ou être influencé par lui ? Par quel point de contact matériel l'esprit, purement immatériel, pourrait-il pousser le corps ? Quel pouvoir spirituel pourrait avoir le corps pour influer sur l'esprit immatériel ?

Les chevaliers *Jedi* et le dilemme de la télékinésie

Dans la série de films de George Lucas, *La guerre des étoiles*, certains êtres exceptionnels, les chevaliers *Jedi*, sont dotés de la capacité de déplacer des corps à distance, uniquement par la force de leur esprit. C'est le pouvoir de télékinésie.

Cette fantaisie (fort plaisante) met en évidence une question : est-ce l'esprit des chevaliers *Jedi* qui déplace directement les pierres, les piliers et autres sabres laser ?

---

1. *Ibidem*, partie III, De l'origine et de la nature des sentiments, proposition 2.

Pourtant, l'esprit lui-même (fût-il celui d'un chevalier *Jedi*) n'a pas de poids ou de mouvement physique : il n'est pas capable de prendre une pierre et de la lancer. Ou bien sont-ce des ondes magnétiques qui déplacent les corps à distance, comme le font les aimants ? Mais ce sont des forces physiques, pas des forces psychiques. Si l'esprit a des mains, ce n'est plus une force psychique qui agit. S'il n'en a pas, on voit mal comment il agit.

Si un esprit ne peut modifier un corps, réciproquement, une action physique ne modifie pas une idée, un théorème ou une conviction. Certes, la torture peut amener à changer de religion, mais elle ne change pas les croyances. Dans le *Traité théologico-politique*, Spinoza ne cesse de déplorer les souffrances occasionnées par les efforts des fanatiques religieux pour modifier les âmes en défigurant les corps. Elles sont parfaitement vaines.

Corps et esprit, deux dimensions parallèles d'une même réalité

Il y a pourtant nécessairement une certaine correspondance entre les mouvements du corps (lever la main) et les altérations de l'âme (vouloir saisir un verre) :

> « *Mais, dira-t-on, que l'on sache ou non par quels moyens l'esprit meut le corps, on sait cependant par expérience que, si l'esprit humain n'était pas capable de penser, le corps serait inerte*[1]. »

À l'idée cartésienne d'une *interaction* entre l'âme et l'esprit, Spinoza substitue celle d'un *parallélisme*. Comme le corps et l'âme sont deux aspects (attributs) différents d'un seul et même et unique être, Dieu, une harmonie entre les deux aspects existe et se manifeste constamment : toutes les altérations dans un des deux ordres ont leur strict équivalent dans l'autre ordre. En fait, les appétits de l'âme et les appétits du corps sont une seule et même chose envisagée sous deux angles différents :

---

1. *Ibidem*, partie III, De l'origine et de la nature des sentiments, proposition 2, scolie.

> « *Le décret de l'esprit, aussi bien que l'appétit et la détermination du corps vont ensemble par nature ou plutôt sont une seule et même chose que nous appelons décret quand elle est considérée sous l'attribut de la pensée et s'explique par lui, et que nous nommons détermination quand elle est considérée sous l'attribut de l'étendue et se déduit des lois du mouvement et du repos[1].* »

Une difficulté métaphysique pour la morale

Le « parallélisme métaphysique », résumé ici à grands traits, pose un problème moral considérable. La morale traditionnelle considère que l'esprit a le pouvoir de maîtriser, éduquer et même « mater » les pulsions corporelles que sont, au moins en partie, les désirs.

Pour Spinoza, cette approche de la maîtrise des désirs est fondée sur l'ignorance. Non seulement personne ne sait ce que le corps peut sur l'esprit, mais en outre :

> « *Personne ne sait de quelle manière ou par quels moyens l'esprit met le corps en mouvement, ni combien de degrés de mouvement il peut lui imprimer, et avec quelle vitesse il peut le mouvoir[2].* »

Les morales traditionnelles reposent sur une ignorance complète concernant les rapports entre le corps et l'esprit ainsi que sur la capacité de l'esprit (et du corps) à infléchir les désirs :

> « *D'où il suit que les hommes, quand ils disent que telle ou telle action du corps a son origine dans l'esprit qui a de l'empire sur le corps, ne savent ce qu'ils disent et ne font qu'avouer ainsi en termes spécieux qu'ils ignorent la vraie cause de cette action et ne s'en étonnent pas[3].* »

Comment considérer, dans une philosophie paralléliste, que le corps va être encadré, modifié, jugulé par l'esprit ?

---

1. *Ibidem.*
2. *Ibidem.*
3. *Ibidem.*

L'illusoire liberté des hommes face aux désirs ?

L'autre obstacle spinoziste à la mise en coupe réglée des désirs par la raison, c'est l'absence de liberté de l'homme. Comme toutes les altérations de l'âme et du corps, les désirs sont prédéterminés et adviennent de façon nécessaire. Peut-on, dans ces conditions, entreprendre de les réformer, de les éduquer ou de les infléchir ? Si je ne peux pas m'empêcher de railler mes camarades de bureau, à quoi bon s'interdire la violence verbale ? Si des enfants ne peuvent s'empêcher de voler, à quoi bon les punir ?

Pour les moralistes habituels, la morale consiste à lutter contre les désirs parce qu'ils croient que nous sommes libres à l'égard, du moins, des désirs modérés :

> « *La plupart croient que nous n'agissons librement qu'à l'égard des choses que nous désirons modérément, parce que le désir de ces choses peut être facilement contrarié par le souvenir d'une autre chose dont nous nous souvenons souvent ; mais que nous ne sommes pas du tout libres à l'égard des choses que nous désirons vivement et qui ne peut être apaisé par le souvenir d'une autre chose[1].* »

Pour Spinoza c'est une illusion : l'homme n'échappe pas à l'ordre de l'univers. Ses désirs sont aussi nécessaires et mécaniquement déterminés que la chute des pierres. La seule différence tient à la conscience. Les hommes ont conscience de leurs désirs mais ils ignorent les déterminations qui pèsent sur ces désirs :

> « *Les hommes se croient libres pour la seule raison qu'ils sont conscients de leurs actions et ignorants des causes par lesquelles ils sont déterminés[2].* »

Spinoza donne une série d'exemples de désirs qu'on croit libres et que les moralistes nous conseillent en conséquence d'éduquer :

---

1. *Ibidem.*
2. *Ibidem.*

> « *C'est ainsi qu'un jeune enfant croit désirer librement le lait, un jeune garçon en colère vouloir se venger, et un peureux s'enfuir[1].* »

Inévitables désirs

En conséquence, les hommes sont incapables de maîtriser leurs désirs et même, tout simplement, de les infléchir :

> « *L'expérience montre assez que les hommes n'ont rien moins en leur pouvoir que leur langue, et qu'ils ne peuvent rien moins régler que leurs désirs[2].* »

Pour les cartésiens, le désir de bavarder peut aisément être maîtrisé grâce à la liberté et par un effort de la volonté libre. Pour eux :

> « *Il dépend du seul pouvoir de l'esprit de parler comme de se taire, et beaucoup d'autres choses que l'on croit dépendre de l'esprit[3].* »

Pour Spinoza, le désir de parler est, au contraire, inévitable :

> « *Un homme ivre croit aussi dire d'après un libre décret de l'esprit ce que, revenu à son état normal, il voudrait avoir tu ; de même le délirant, la bavarde, l'enfant et beaucoup de gens de même farine croient parler selon un libre décret de l'esprit alors que pourtant ils ne peuvent contenir leur envie de parler[4].* »

Les « fuites » dans la presse : tactique délibérée ou bavardage irrépressible ?

Bien des personnages publics livrent des informations confidentielles aux médias. Il s'agit fréquemment de démarches tactiques délibérées, par exemple pour

---

1. *Ibidem.*
2. *Ibidem.*
3. *Ibidem.*
4. *Ibidem.*

nuire à des adversaires ou gagner un renom. Mais, souvent, ces confidences nuisent gravement à ceux qui les font. De sorte qu'on peut se demander si ces confidences n'ont pas pour seule raison le désir de bavarder... Pour Spinoza, la volonté est bien impuissante face au désir de révéler ce qu'on devrait taire : *« J'en conviens, les affaires humaines iraient beaucoup mieux s'il était également au pouvoir de l'homme de se taire ou de parler*[1]. »

La morale anti-désir contre l'éthique des désirs[2]

L'âme ne peut pas maîtriser les élans du corps – et réciproquement. Les désirs sont aussi inévitables que la chute des pierres et le retour des saisons. Tout cela récuse l'idée traditionnelle de morale comme domination des désirs par la liberté de l'esprit. Mais, pour Spinoza, elle ne rend pas impossible l'élaboration d'une autre éthique axée, elle, sur le développement du désir.

Tous les désirs ne se valent pas

Spinoza sape plusieurs fondements de la morale traditionnelle. Mais il garde l'un d'entre eux : la hiérarchie des désirs. Car tous les désirs ne sont pas bons. C'est vrai, les désirs ne peuvent pas être hiérarchisés selon des normes supérieures (révélées par Dieu ou posées par la raison). Il n'y a pas un Bien en soi à désirer et un Mal en soi à éviter, comme chez Platon ou Descartes. C'est à partir du désir que le bon et le mauvais, l'utile et le nuisible sont déterminés :

> *« Il est donc établi par tout ce qui précède que nous ne faisons d'effort en vue d'aucune chose, que nous ne la voulons pas et ne tendons pas vers elle par appétit, parce*

---

1. *Ibidem.*
2. Dans le langage ordinaire, « morale » et « éthique » sont des termes globalement synonymes. On distingue ici la « morale » comme le projet traditionnel de dresser les désirs, et l' « éthique » comme le projet spinoziste de développer les désirs.

> *que nous jugeons qu'elle est bonne ; c'est l'inverse : nous jugeons qu'une chose est bonne, parce que nous faisons effort vers elle par appétit ou désir[1]. »*

Le désir réalise une inversion terrible pour les morales traditionnelles. Néanmoins, objectivement, certains désirs sont utiles et d'autres néfastes.

D'un côté, les désirs qui portent sur ce qui est approprié à notre corps ou à notre esprit, qui lui conviennent, lui correspondent et qui le renforcent, tous ces désirs sont bons. D'un autre côté, les désirs qui nous portent vers ce qui est contraire à notre corps ou à notre esprit et les affaiblissent, voire les détruisent. Par exemple, pour l'esprit, l'accroissement des connaissances vraies est une source de forces supplémentaires :

> *« Les actions de l'esprit naissent des seules idées adéquates ; et les passions dépendent des seules idées inadéquates[2]. »*

L'augmentation des connaissances scientifiques augmente notre pouvoir de connaître. Autre exemple, cette fois pour le corps : une appétence pour une nourriture qu'il assimile facilement, sans effet négatif (maladie, addiction) et qui lui donne de l'énergie – par exemple un bol de riz bien cuit plutôt qu'une charcuterie pleine de bactéries.

Joie et tristesse : les effets des différents désirs

Selon que les désirs se portent vers de l'utile ou du néfaste, le sujet désirant éprouvera un renforcement ou une diminution de sa puissance vitale :

> *« Nous venons de voir que l'esprit peut subir de grands changements, et passer tantôt à une perfection plus grande, mais tantôt à une moindre[3]. »*

---

1. *Éthique*, partie III, De l'origine et de la nature des sentiments, proposition 9, scolie.
2. *Ibidem*, proposition 3.
3. *Ibidem*, proposition 11, scolie.

Comme le sujet humain a la particularité d'être conscient de ces renforcements et de ces affaiblissements, il éprouvera soit de la joie soit de la tristesse :

> « (...) ces passions nous expliquent les sentiments de la joie et de la tristesse. Par joie j'entendrai donc dans la suite la passion par laquelle l'esprit passe à une perfection plus grande ; par tristesse, au contraire, la passion par laquelle il passe à une perfection moindre[1]. »

Joie et tristesse sont les passions fondamentales :

> « Ce qu'est le désir, je l'ai expliqué dans le scolie de la proposition 9 de cette partie ; et en dehors de ces trois sentiments, je n'en reconnais aucun autre comme primitif et je montrerai dans la suite que les autres naissent de ces trois[2]. »

Passions tristes et quête du Graal

Le cinéma nous donne une illustration (spectaculaire) de ce que Spinoza appelle une passion triste pour le corps : l'empoisonnement. Dans *Indiana Jones et la dernière croisade*, les aventuriers sont à la recherche du Graal censé donner la vie éternelle. Certains (méchants) se trompent de coupe et boivent de l'eau tirée d'un faux Graal qui les empoisonne au lieu de leur rendre la santé : ils se décomposent sur place dans des douleurs atroces. Leur peau, leur chair, puis leurs os se dissolvent et se désagrègent. C'est la vision accélérée des effets d'une rencontre qui affaiblit le corps : celle du poison.

Dans les parties III et IV de l'*Éthique*, Spinoza passe en revue les différentes formes particulières de désir, de tristesse et de joie. Il analyse leurs multiples causes, leurs manifestations et leurs effets en termes de renforcement ou d'affaiblissement du sujet.

---

1. *Ibidem.*
2. *Ibidem.*

L'amour et la haine sont, par exemple, dérivés de la joie et de la tristesse :

> « *L'amour, en effet, n'est rien d'autre que la joie accompagnée de l'idée d'une cause extérieure ; et la haine rien d'autre que la tristesse accompagnée de l'idée d'une cause extérieure[1]. »*

L'idée inadéquate, fausse et partielle par excellence, c'est l'idée selon laquelle nous sommes libres d'agir comme bon nous semble. Cette idée est une idée partielle : elle n'envisage pas l'ensemble de la chaîne des causes et des conséquences dans laquelle nos actions sont prises. Et elle se heurte constamment à la réalité, de sorte que nous éprouvons continuellement des frustrations tant que nous y adhérons : aussi longtemps que je crois qu'il est en mon pouvoir de ne pas aimer ma voisine mariée et heureuse, j'ai du mépris pour moi-même et je ne parviens pas à me maîtriser.

Désir, religion et passions tristes

Le désir du fanatique religieux est un autre désir négatif paradigmatique pour Spinoza. Tout le *Traité théologico-politique* est écrit contre les désirs insensés ou tristes qui sont à l'origine des religions : désir d'immortalité, désir de s'épargner l'enfer, etc. En somme, tous les désirs qui naissent de la crainte :

> « *La cause d'où naît la superstition est donc la crainte[2]. »*

Comme les hommes ne sont jamais certains de satisfaire leurs désirs, ils sont en proie à une crainte constante. De sorte que la superstition qui en découle est presque universelle :

> « *Si les hommes pouvaient régler toutes leurs affaires suivant un dessein arrêté ou encore si la fortune leur était toujours favorable, ils ne seraient jamais prisonniers de la superstition. Mais souvent réduits à une extrémité telle*

---

1. *Ibidem* proposition 13, scolie.
2. *Traité théologico-politique*, préface.

qu'ils ne savent plus que résoudre, et condamnés, par leur désir sans mesure des biens incertains de fortune, à flotter presque sans répit entre l'espérance et la crainte, ils ont très naturellement l'âme encline à la plus extrême crédulité[1]. »

Il faut donc se libérer, non pas du désir vital, mais des désirs qui sont à l'œuvre dans les grandes religions : désir d'éternité de l'âme, désir de pureté, désir d'obtenir la faveur divine, désir de salut, etc. Spinoza, voit, comme Épicure[2] et les Encyclopédistes[3], un profond désir de domination dans tous les clergés. Ils font passer les lois régissant les désirs pour des commandements divins afin de mieux asservir les hommes :

« Le grand secret du régime monarchique et son intérêt profond consistent à tromper les hommes, en travestissant du nom de religion la crainte dont on veut les tenir en bride de sorte qu'ils combattent pour leur servitude comme s'il s'agissait de leur salut. [...] Les plus ardents à épouser toute espèce de superstition ne peuvent manquer d'être ceux qui désirent le plus immodérément les biens extérieurs[4]. »

Les clergés et les pouvoirs autoritaires sont guidés par des passions tristes et en imposent d'autres au peuple.

Une nouvelle idée de l'éthique

Spinoza propose une nouvelle conception de l'éthique qui est de gagner en clairvoyance pour viser les objets qui renforcent effectivement le corps et l'esprit. Voilà la nouvelle idée de l'éthique : viser tout ce qui renforce notre désir fondamental de vivre, dans le domaine corporel et dans le domaine spirituel, qui sont strictement parallèles :

---

1. *Ibidem*
2. *Cf.* chapitre 2.
3. *Cf.* chapitre 6.
4. *Traité théologico-politique*, préface.

« *De ce qui augmente ou diminue, aide ou contrarie la puissance d'agir de notre corps, l'idée augmente ou diminue, aide ou contrarie la puissance de penser de notre esprit[1].* »

Ce qu'il faut, c'est « organiser les rencontres[2] » du corps et de l'esprit avec ce qui les fortifie et organiser les évitements à l'égard de ce qui les affaiblit.

Pour finir...

La philosophie spinoziste du désir est aussi choquante pour la morale traditionnelle que la théologie de Spinoza est un scandale pour les théologiens chrétiens, juifs et musulmans. Le désir est rien moins que l'essence de l'homme. Il répond à la tendance fondamentale de la nature et de Dieu : chercher à persévérer dans son être. L'éthique des désirs devient donc la méthode pour accroître le plus possible la force de ce principe structurel. Pensée radicale du désir. Conception bouleversante de la morale.

1. *Éthique*, partie III, De l'origine et de la nature des sentiments, proposition 11.
2. Gilles Deleuze, *Spinoza. Philosophie pratique*, éditions de minuit, Paris, 1981.

6 / Les Encyclopédistes

ou l'émancipation
des désirs

Pour commencer...

Le désir de liberté, voilà la source de l'*Encyclopédie*. La libération des désirs, voilà l'un de ses principaux résultats.

Au milieu du xviiie siècle, au moment où la monarchie française, plus absolue que jamais, et où la religion redouble de dogmatisme, des hommes et des femmes se réunissent dans les cafés, les salons et les boudoirs. Ils sont écrivains, savants, hommes d'affaires ou encore hauts fonctionnaires. Ils amorcent un vaste mouvement de libération de l'humanité. Ce courant est composite et multiforme. Les personnalités sont bien différentes, les projets, parfois divergents et les controverses, souvent vives. Prendre les Encyclopédistes comme un bloc uniforme est simplificateur à l'excès. Toutefois, le désir d'émanciper l'humanité dans tous les domaines réunit ces hommes et ces femmes.

Mieux que les biographies individuelles de Voltaire[1], de Diderot[2], de d'Alembert[3] et de leurs amis Encyclopédistes, l'histoire mouvementée de l'*Encyclopédie* illustre ce puissant élan de libération du désir. Elle montre également les redoutables difficultés de l'émancipation des désirs.

Tout commence en 1746, quand un éditeur parisien décide de publier un livre en plusieurs volumes rassemblant une somme de connaissances multidisciplinaires. Pour coordonner l'ouvrage, il engage Diderot, qui ne tarde pas à donner une dimension et une ambition nouvelles au projet. En 1750, Diderot publie le *Prospectus de l'Encyclopédie* : ce document à la fois publicitaire et philosophique expose le projet de *L'Encyclopédie*. Il permet de rassembler des fonds sous forme d'avances auprès de 2 000 souscripteurs, futurs lecteurs intéressés par l'ouvrage. Diderot constitue une première équipe de rédacteurs, au premier rang desquels un célèbre mathématicien, d'Alembert. Ce groupe de rédacteurs, ce sont les Encyclopédistes. Le premier volume de l'*Encyclopédie* paraît en 1751, précédé d'un vaste *Discours préliminaire* où d'Alembert expose la nécessité de libérer l'humanité grâce aux progrès de la connaissance.

---

1. François-Marie Arouet de son véritable nom (1694-1778).
2. 1713-1784.
3. 1717-1783.

Le projet se heurte immédiatement à l'hostilité des partis religieux. Les Jésuites mènent la cabale contre l'Encyclopédie. Ils accusent d'hérésie l'article « Certitude » dans lequel le désir de tolérance religieuse s'exprime pourtant prudemment. Le Conseil d'État interdit l'*Encyclopédie* en 1752. Le combat de *L'Encyclopédie* entre alors dans sa phase politique. Diderot et d'Alembert reçoivent la protection de la favorite du Roi, Madame de Pompadour. Pour poursuivre leur projet, ils obtiennent le soutien de Malesherbes[1], alors en charge de la censure. Sous son influence, la liberté de ton de l'*Encyclopédie* est réduite, mais la publication reprend. De 1753 à 1757 paraissent de nouveaux volumes. L'entreprise prospère, les fonds affluent de nouveau, notamment grâce à d'Holbach[2]. L'équipe des Encyclopédistes s'étoffe.

Un attentat raté contre le roi Louis XV, en 1757, favorise une contre-offensive de la part des ennemis de l'*Encyclopédie*. La censure royale se montre plus dure. Les pamphlets pleuvent contre l'*Encyclopédie*. Le plus célèbre d'entre eux décrit la vie des Cacouacs, une peuplade imaginaire, lascive, ennemie de la morale, de la religion et de l'État. Le libelle vise, en des termes à peine voilés, les Encyclopédistes eux-mêmes. En 1758, d'Alembert quitte le projet : il est las des attaques incessantes et regrette de s'être brouillé avec Rousseau à cause de l'article « Genève », inspiré par Voltaire[3]. Les difficultés s'accumulent : des rédacteurs quittent le projet et les autorités ecclésiastiques vilipendent les articles antireligieux de l'Encyclopédiste Helvétius[4]. En 1759, le Conseil d'État prononce une série de condamnations judiciaires et administratives contre l'*Encyclopédie*. Potentiellement, c'est la ruine éditoriale et financière du projet : les Encyclopédistes sont condamnés à rembourser intégralement les souscripteurs qui ont financé le projet. Malesherbes intervient une nouvelle fois et

---

1. Magistrat et homme d'État (1721-1794), il est « directeur de la librairie » c'est-à-dire directeur des services de la censure royale. Son influence à la cour royale lui permet de faire accepter en partie le projet de l'*Encyclopédie*.
2. Baron (1723-1789), il met ses richesses à la disposition des philosophes dont il épouse les thèses. Il est l'auteur principal d'articles de chimie et de minéralogie. Profondément matérialiste, à la manière d'Épicure (*cf.* chapitre 2), il est également violemment antichrétien.
3. *Cf.* chapitre 7 du présent ouvrage.
4. Riche financier chargé de collecter les impôts pour l'État (1715-1771), il est l'auteur de textes matérialistes et athées.

trouve un compromis pour résoudre la difficulté. Il obtient que les Encyclopédistes puissent rembourser les souscripteurs non pas en leur versant de l'argent mais en leur faisant don des volumes constitués de planches d'illustrations encore à publier.

Malgré tout, la rédaction de l'*Encyclopédie* se poursuit dans la clandestinité. Diderot travaille sur les dix volumes de textes qui restent à publier. Voltaire se multiplie pour faire de nouveau autoriser la publication de l'ouvrage. Circonstance favorable à l'ouvrage, les jésuites sont expulsés de France. En 1765-1766, après bien des vicissitudes et bien des moments de découragement, les Encyclopédistes voient leurs efforts couronnés : le pouvoir autorise la publication de l'intégralité des volumes de l'ouvrage.

L'*Encyclopédie,* comme entreprise, comme combat et comme livre est, aujourd'hui encore, le symbole d'une idée universelle : le désir de liberté et la libération des désirs sont indissolublement liés.

Le désir de connaître sans limites

Donner libre cours au désir de savoir

L'*Encyclopédie* est mue par une profonde soif de connaissance. À bien y réfléchir, celle-ci est démesurée. Les Encyclopédistes souhaitent explicitement :

> « (...) *former un tableau général des efforts de l'esprit humain dans tous les genres et dans tous les siècles*[1]. »

Le projet initial de l'éditeur Le Breton, commanditaire de l'*Encyclopédie* qui confie le projet à Diderot, est bien plus modeste : il s'agit de traduire en français un dictionnaire érudit anglais de Chalmers : *Cyclopedia.* Une fois devenus directeurs éditoriaux de l'ouvrage, Diderot et d'Alembert entreprennent rien moins que de dresser un bilan des connaissances humaines, qu'elles soient théoriques ou pratiques. Le titre qu'ils choisissent est éloquent :

---

1. *Prospectus* de l'*Encyclopédie.*

Encyclopédie ou Dictionnaire raisonné des sciences, des arts et des métiers.

Si l'accroissement des connaissances libère les hommes des préjugés, de la misère et de l'oppression, il faut donner une source inépuisable à leur soif de savoir. Les Encyclopédistes veulent mettre la satisfaction du désir de connaissance à portée de tous, sans limites :

« *Combien donc n'importait-il pas d'avoir en ce genre un livre qu'on pût consulter sur toutes les matières, et qui servît autant à guider ceux qui se sentiraient le courage de travailler à l'instruction des autres, qu'à éclairer ceux qui ne s'instruisent que pour eux-mêmes[1] !* »

L'Encyclopédie contre la Bible ?

Les Encyclopédistes s'inscrivent en faux contre les courants religieux basés sur la *Bible* qui considère qu'il ne convient pas à l'homme d'accroître indéfiniment ses connaissances. En effet, selon le livre de la *Bible* couramment appelé *Livre de l'Ecclésiaste* : « *J'ai appliqué mon cœur à connaître la sagesse, et à connaître la sottise et la folie ; j'ai compris que cela aussi c'est la poursuite du vent. Car avec beaucoup de sagesse on a beaucoup de chagrin, et celui qui augmente sa science augmente sa douleur[2].* »

Certains Encyclopédistes veulent dépasser la « sagesse des limites » recommandée par les textes religieux. D'autres entendent même braver le christianisme. Pour certains courants religieux, la foi remédie aisément aux limites de la connaissance humaine. Tous les Encyclopédistes sauf Rousseau récusent l'association entre savoir et malheur.

1. *Ibidem.*
2. *Bible*, livre de l'Ecclésiaste, chapitre 1, versets 17-18.

Le jardin d'Éden et la malédiction du désir de connaissance

Pour la *Genèse*, l'accroissement de la connaissance humaine est intimement lié au malheur humain. À l'origine[1], Adam et Ève vivent au jardin d'Éden dans un état de bonheur aussi complet que leur ignorance. Mais dès qu'ils goûtent aux fruits défendus de l'arbre du savoir, ils sont maudits. Expulsés du jardin d'Éden par Dieu, ils connaissent toutes les souffrances de notre condition actuelle.

Les *Encyclopédistes* entendent produire un ouvrage capable de rivaliser avec le mythique arbre du savoir du jardin d'Éden. Ils veulent livrer aux hommes tous les fruits du savoir. L'arbre du savoir n'est autre que le long travail de l'esprit humain au travers des siècles. C'est pour cette raison que l'*Encyclopédie* comprend un « arbre généalogique » des connaissances humaines :

« *On trouvera, à la fin de ce projet, cet arbre de la connaissance humaine[2].* »

Cet arbre est tout à la fois l'arbre du savoir du jardin d'Éden et l'arbre généalogique de l'humanité :

« *Nous avons senti, avec l'auteur anglais, que le premier pas que nous avions à faire vers l'exécution raisonnée et bien entendue d'une Encyclopédie, c'était de former un arbre généalogique de toutes les sciences et de tous les arts, qui marquât l'origine de chaque branche de nos connaissances, les liaisons qu'elles ont entre elles et avec la tige commune, et qui nous servît à rappeler les différents articles à leurs chefs[3].* »

---

1. *Genèse*, chapitre 3.
2. *Prospectus* de l'*Encyclopédie*.
3. *Ibidem*.

Désir de connaissance et désir de reconnaissance

Pour réaliser ce travail colossal, Diderot et d'Alembert décident de constituer une vaste équipe. Le caractère collectif de l'*Encyclopédie* a une signification philosophique.

Dans le *Prospectus*, les pères de l'*Encyclopédie* indiquent comment ils ont procédé : l'*Encyclopédie* réunit autant d'auteurs que le savoir compte de spécialistes. Diderot est le principal rédacteur de l'*Encyclopédie* avec des articles touchant à la philosophie, à la littérature, à la morale, à la religion, à la politique, à l'économie, etc. D'Alembert est l'auteur du *Discours préliminaire* et de l'article « Genève » mais surtout des articles scientifiques. Ils sont bien plus célèbres que le chevalier de Jaucourt[1], l'abbé de Prades[2] et d'autres contributeurs de l'*Encyclopédie*. Mais l'*Encyclopédie* est avant tout un travail d'équipe. D'ordinaire, le désir de gloire individuelle est considéré comme un aiguillon de la soif de connaissance, notamment par Rousseau[3]. Par exemple, Galilée n'aurait rien cherché s'il n'avait voulu conquérir la notoriété.

Pour les Encyclopédistes, il convient de débarrasser le désir de connaissance de ce frein. La soif de connaissance ne doit pas être bornée par l'appétit de gloire d'un seul. Le désir de connaissance collectif ne doit pas être limité par le désir de reconnaissance individuel. L'*Encyclopédie* honore l'esprit humain pris collectivement. Ainsi, Diderot et d'Alembert se présentent comme de simples « éditeurs ». Ils minimisent leurs rôles :

> « *Il est vrai que ce plan a réduit le mérite d'éditeur à peu de chose ; mais il a beaucoup ajouté à la perfection de l'ouvrage ; et nous penserons toujours nous être acquis assez de gloire, si le public est satisfait[4].* »

La modestie n'est pas ici une vertu morale recommandée par la faiblesse humaine comparée à la puissance de Dieu. C'est la condition de la progression de l'humanité prise dans son ensemble.

---

1. Auteur principal des articles « Guerre », « Inquisition » ou « Monarchie » (1704-1779).
2. Auteur principal du sulfureux article « Certitude » (1720-1782).
3. *Cf.* chapitre 7.
4. *Prospectus* de l'*Encyclopédie*.

Réhabiliter les savoirs techniques et manuels

Diderot et d'Alembert entendent faire sauter tous les verrous qui entravent le désir de connaître. Il faut en particulier libérer l'*Encyclopédie* des préjugés sur ce qui mérite d'être connu ou non. Pour la tradition, des domaines entiers doivent être ignorés et certains désirs de connaissance ne sont pas nobles, comme ceux qui portent sur les arts manuels. Pour un gentilhomme, il serait dégradant de vouloir connaître les techniques du forgeron. Pour un homme, il serait malvenu de connaître les occupations considérées comme féminines.

Pour les Encyclopédistes, tous les domaines sont dignes de désir de connaissance. Un des préjugés auxquels ils s'attaquent est le mépris des compétences techniques. Les grands chefs militaires sont célèbres alors que les grands inventeurs sont souvent inconnus :

> « *Le mépris qu'on a pour les arts mécaniques semble avoir influé jusqu'à un certain point sur leurs inventeurs mêmes. Les noms de ces bienfaiteurs du genre humain sont presque tous inconnus, tandis que l'histoire de ses destructeurs c'est-à-dire des conquérants n'est ignoré de personne. Cependant, c'est peut-être chez les artisans qu'il faut aller chercher les preuves les plus admirables de la sagacité de l'esprit, de sa patience et de ses ressources*[1]. »

Diderot et d'Alembert intègrent donc de nombreuses entrées techniques dans l'*Encyclopédie* comme le célèbre article « Agriculture ». Ils font réaliser de nombreuses planches d'illustrations sur les métiers à tisser, les outils, les semis, etc. Ils visitent de nombreux ateliers :

> « *On s'est adressé aux plus habiles de Paris et du royaume. On s'est donné la peine d'aller dans leurs ateliers, de les interroger, d'écrire sous leur dictée, de développer leurs pensées, d'en tirer les termes propres à*

---

1. *Encyclopédie*, « Discours préliminaire ».

leurs professions, d'en dresser des tables, de les définir, de converser avec ceux dont on avait obtenu des mémoires, et (précaution presque indispensable) de rectifier, dans de longs et fréquents entretiens avec les uns, ce que d'autres avaient imparfaitement, obscurément, et quelquefois infidèlement expliqué[1]. »

La forme du dictionnaire

Autre verrou à faire sauter pour libérer le désir de connaissance : il faut lui permettre de se satisfaire comme il l'entend, au gré des besoins, des caprices ou des intérêts. Le choix de la forme du dictionnaire répond à ce projet philosophique. C'est une forme littéraire que choisissent, à l'époque, de nombreux libres penseurs, à commencer par Voltaire, auteur d'un *Dictionnaire philosophique*. La forme du dictionnaire est alors perçue comme une source de liberté.

Les promenades du dictionnaire

Qui n'a éprouvé le plaisir de feuilleter, des heures entières, un dictionnaire ? Les mots inconnus, les étymologies inattendues, les illustrations chatoyantes, tout cela attire notre œil, charme notre esprit, excite notre curiosité. Certes, il s'agit d'un désir intermittent différent de la résolution grave de développer son savoir de façon méthodique. Mais n'est-ce pas une façon de s'instruire plus efficace que des lectures systématiques sans désir et sans plaisir ?

Dans *La nausée*, Sartre raille ces esprits qui veulent une instruction totale et s'y consacrent de façon mécanique. Il met en scène un autodidacte qui, empreint du sérieux de l'instruction, lit tous les livres de la bibliothèque municipale dans l'ordre alphabétique pour être certain de ne rien manquer.

---

1. *Prospectus de l'Encyclopédie.*

La forme du dictionnaire consacre le droit de s'instruire en se laissant guider par la curiosité. Les Encyclopédistes prennent ici le contre-pied d'une tradition scientifique qui considère la curiosité comme un papillonnage frivole au sein d'un royaume sérieux, celui des connaissances et de la vérité.

Blaise Pascal[1], pour la science contre la curiosité intellectuelle

Grand savant, penseur chrétien et philosophe majeur, Blaise Pascal considère la curiosité comme un signe de faiblesse et de vanité. Faiblesse, car l'esprit humain n'a pas le courage de s'instruire vraiment au contact des Écritures saintes ou de la science. Vanité, car l'esprit humain cherche surtout à se faire une réputation. Il écrit : « *Curiosité n'est que vanité. Le plus souvent on ne veut savoir que pour en parler*[2]. ».

Le sérieux du contenu de l'*Encyclopédie* ne bannit pas le vagabondage intellectuel. La connaissance humaine est elle aussi objet de désir et une source de plaisir. Il n'est pas nécessaire de vivre une vie de macération, de suivre une méthode éprouvante et de s'astreindre à une discipline rigoureuse pour accéder à des connaissances. L'article « Philosophe » trace un portrait du savant fort attirant :

« *Notre philosophe ne se croit pas en exil dans ce monde, il ne croit point être en pays ennemi ; il veut jouir en sage économe des biens que la nature lui offre ; il veut trouver du plaisir avec les autres ; et pour en trouver il faut en faire : ainsi il cherche à convenir à ceux avec qui le hasard ou son choix le font vivre ; et il trouve en même temps ce qui lui convient : c'est un honnête homme qui veut plaire et se rendre utile*[3]. »

---

1. Mathématicien, physicien, théologien et philosophe français (1623-1662).
2. Pensée 146, in *Œuvres*, Gallimard, collection « La Pléiade », Paris, 1954, p. 1128.
3. *Encyclopédie*, article « Philosophe ».

La forme du dictionnaire permet un véritable libertinage intellectuel.

Le désir de liberté religieuse

En matière religieuse, certains Encyclopédistes désirent seulement la liberté de culte : dans *Candide*[1], Voltaire demande aux chrétiens, aux juifs, aux « mahométans[2] » et aux autres de se laisser pratiquer leurs rites en paix. Certains Encyclopédistes ont des positions plus offensives. Leur désir d'émancipation des hommes va jusqu'à souhaiter de faire disparaître la religion, et plus précisément celle qui domine alors l'Europe : le christianisme. Ces différentes tendances (apologie de la tolérance religieuse, anti-christianisme, lutte contre toutes les religions) s'expriment dans l'*Encyclopédie*. Le désir commun aux Encyclopédistes est de voir garantir la liberté en matière de croyances religieuses.

Le désir de rompre avec la religion

Certains Encyclopédistes, comme d'Holbach, engagent une lutte à mort contre le christianisme. Pour d'Holbach, les dignitaires de l'Église catholique font triompher leur propre désir de domination sur le désir de vérité et de bonheur des hommes :

> « *Les hommes qui se sont mis en possession de régler les destinées des autres sont toujours tentés d'abuser de leur crédulité ; ils trouvent pour l'ordinaire des avantages momentanés à les tromper ; ils se croient intéressés à perpétuer leurs erreurs ou leur inexpérience, ils se font un devoir de les éblouir, de les embarrasser, de les effrayer sur le danger de penser par eux-mêmes et de consulter la raison ; ils leur montrent les recherches qu'ils pourraient faire comme inutiles, criminelles,*

---

1. Voltaire, *Candide*, chapitre 26 : D'un souper que Candide et Martin firent avec six étrangers, et qui ils étaient.
2. C'est le terme qu'utilisent les auteurs du XVIIIe siècle pour désigner les musulmans.

pernicieuses ; ils calomnient la nature et la raison ; ils les font passer pour des guides infidèles ; enfin, à force de terreurs, de mystères, d'obscurités et d'incertitudes, ils parviennent à étouffer dans l'homme le désir même de chercher la vérité, à écraser la nature sous le poids de leur autorité, à soumettre la raison au joug de leur fantaisie[1]. »

Comme cette position n'est pas consensuelle parmi les Encyclopédistes et comme de telles charges antireligieuses sont de nature à compromettre la survie de l'*Encyclopédie*, Diderot et d'Alembert donnent un tour plus modéré au désir de liberté religieuse dans les articles de l'ouvrage collectif.

Les ruses du désir d'émancipation

Même s'ils partagent largement cette vision du clergé catholique de l'époque, Diderot et d'Alembert adoptent une tactique de subtilité bien différente de l'agression frontale. L'article « Christianisme » fait sentir que la religion catholique jugule le désir de vérité sans le dire explicitement. Il dresse un portrait du christianisme tel qu'il devrait être. Le lecteur devine *a contrario* ce que le christianisme est en réalité : une source d'oppression pour l'esprit et le corps. L'article utilise constamment le procédé de la « prétérition », autrement dit, il fait mine de préciser ce que le christianisme n'est pas, et indique en fait qu'il est un fanatisme hostile aux désirs humains les plus élémentaires :

« Le fanatisme est une peste qui reproduit de temps en temps des germes capables d'infecter la terre ; mais c'est le vice des particuliers et non du christianisme, qui par sa nature est également éloigné des fureurs outrées du fanatisme et des craintes imbéciles de la superstition[2]. »

---

1. D'Holbach, *Essai sur les préjugés ou De l'influence des opinions sur les mœurs et sur le bonheur des hommes*, chapitre 1.
2. *Encyclopédie*, article « Christianisme ».

Pour les Encyclopédistes, le fanatisme religieux est en proie à un désir proprement fou et absurde : les fanatiques entendent utiliser la contrainte sur les corps pour modifier les esprits. Les fanatiques croient qu'il est au pouvoir des religieux, des tribunaux ou des principes de modifier les pensées des hommes.

L'Inquisition et le Nom de la rose

Le désir fou des fanatiques religieux est illustré par de nombreux pamphlets que les Encyclopédistes écrivent à titre personnel. On trouve la trace de cet esprit encyclopédiste dans le roman d'Umberto Eco *Le nom de la rose*. Le grand inquisiteur prétend y agir sur les croyances par le biais de la torture. Désir fou, désir sanguinaire, désir vain.

L'article « Christianisme » parachève sa critique en feignant d'opposer le christianisme aux autres religions. En fait, le christianisme a le même rapport aux désirs que les autres religions :

> « *La religion rend le païen superstitieux et le mahométan fanatique : leurs cultes les conduisent là naturellement, mais lorsque le chrétien s'abandonne à l'un ou l'autre de ces deux excès, dès lors il agit contre ce que lui prescrit sa religion. En ne croyant rien que ce qui lui est proposé par l'autorité la plus respectable qui soit sur terre, je veux dire l'Église catholique, il n'a point à craindre que la superstition vienne remplir son esprit de préjugés et d'erreurs*[1]. »

En apparence moins violente, la critique de la religion est vive dans l'*Encyclopédie* elle-même, comme l'ont relevé ses ennemis. Cette critique est motivée par une cause principale : la religion est une entrave à l'aspiration, commune à tous les hommes, de penser par eux-mêmes.

---

1. *Ibidem.*

Le désir de penser par soi-même

En matière religieuse, les Encyclopédistes s'opposent au dogmatisme. Pour eux, tous les hommes désirent se servir de leur propre raison pour se forger leurs propres convictions. Les Encyclopédistes réconcilient raison et désir : l'homme a un désir profond, inné, irrépressible de se servir de sa raison. On le voit dans le portrait tracé par l'article « Philosophe ». Le philosophe est, en effet, l'homme une fois libéré des préjugés religieux, politiques et sociaux :

> « *La raison est à l'égard du philosophe ce que la grâce est à l'égard du chrétien. La grâce détermine le chrétien à agir ; la raison détermine le philosophe*[1]*... »*

Sous ses apparences anodines, ce passage de l'article constitue, à l'époque, un véritable scandale. À plusieurs titres. D'abord il ose comparer une décision divine, la grâce, avec une faculté humaine, la raison. Ensuite, le philosophe est explicitement distingué du chrétien : on est soit philosophe soit chrétien. Enfin, il s'agit de poser le philosophe comme ayant ses propres désirs, distincts de la volonté divine.

Le philosophe est curieux de tout, doté d'un solide appétit de connaissances sur le monde qui l'entoure. Il est à l'opposé d'une méditation sur lui-même, telle que les exercices spirituels chrétiens peuvent la recommander. En effet, le philosophe :

> « *(...) aime à s'instruire des détails et de tout ce qui ne se devine point ; ainsi il regarde comme une maxime très opposée au progrès des lumières de l'esprit que de se borner à la seule méditation et de croire que l'homme ne tire la vérité que de son propre fonds*[2]*... »*

Les Encyclopédistes ne considèrent pas que la vérité jaillit d'un dialogue avec Dieu dans l'intériorité de la prière. Les Encyclopédistes sont des « sensualistes » : ils croient que les

---

1. *Encyclopédie*, article « Philosophe ».
2. *Ibidem*.

connaissances proviennent des sens, de la confrontation des individus avec le monde et non pas de la lecture des textes sacrés censés expliquer la formation du monde, comme le premier livre de la *Bible*, *La Genèse*. Les Encyclopédistes sont des « empiristes » : ils pensent que les connaissances sur le monde dérivent de l'expérience personnelle et non pas de la révélation des Écritures. Mais surtout, les Encyclopédistes sont des « rationalistes » : ils pensent que la vérité vient de l'exercice personnel de la raison, et non pas de la foi.

De l'Encyclopédie aux Lumières

Même s'il est leur contemporain, Emmanuel Kant[1] n'est pas un Encyclopédiste à proprement parler. Il vit en Prusse orientale, loin des salons parisiens où les Encyclopédistes se rencontrent, débattent et réalisent le projet de l'*Encyclopédie*. Kant exprime pourtant l'esprit de l'*Encyclopédie* dans un opuscule de 1784 : *Qu'est-ce que les Lumières ?* Pour lui, les partisans des Lumières peuvent tous se reconnaître dans un unique mot d'ordre : *« Ose te servir de ton propre entendement »*. Les Lumières, c'est le mouvement qui, à partir de l'*Encyclopédie* s'étend dans l'espace (à travers l'Europe) et le temps (à travers les siècles) pour défendre le désir de penser par soi-même.

L'égalité des désirs dans l'ordre politique

Les hommes sont naturellement libres, les désirs sont naturellement égaux

Libérer le désir de connaître et de réfléchir par soi-même ne suffit pas. Pour les Encyclopédistes, la liberté politique est la condition pour que les désirs légitimes des hommes puissent être satisfaits. Pour eux, le pouvoir, l'État ou l'autorité ne sont pas des

---

1. Philosophe et professeur prussien (1724-1804), figure intellectuelle majeure du courant des Lumières allemandes, il est très influencé par la lecture des Encyclopédistes.

bienfaits qui vont de soi. Le fait premier de la vie sociale, c'est la liberté individuelle. Les individus ont droit de désirer parce qu'ils sont libres :

> « *Aucun homme n'a reçu de la nature le droit de commander aux autres*[1]. »

Le désir de dominer, de commander ou d'opprimer d'un seul n'est pas plus légitime que le désir des autres. Il n'y a pas de désir qui vaille plus que les autres. Le désir du roi vaut celui de son sujet. Dans la sphère politique aussi, les désirs sont égaux car les hommes sont également libres de désirer :

> « *La liberté est un présent du ciel, et chaque individu de la même espèce a le droit d'en jouir aussitôt qu'il vit*[2]. »

Le désir amoureux et les inégalités sociales : le Mariage de Figaro

Dans sa pièce *Le mariage de Figaro*, Beaumarchais met en scène l'égalité des désirs en dépit des conditions sociales. Le comte Almaviva et son valet, Figaro, désirent la même femme, la soubrette Suzanne. Premier scandale, Figaro n'entend pas céder : Beaumarchais montre que le désir amoureux place le valet et le gentilhomme sur un pied d'égalité. Deuxième scandale, toute la pièce montre que le désir du grand seigneur est en fait moins légitime que celui de son valet. Suzanne aime Figaro et est sur le point de l'épouser. Le comte, lui, entend non pas séduire Suzanne mais seulement exercer le droit féodal de cuissage.

---

1. *Encyclopédie*, article « Autorité politique ».
2. *Ibidem.*

Les contraintes imposées par la société aux désirs doivent être justifiées

Si les désirs sont naturels, les bornes qui leur sont imposées par la société et l'État doivent être justifiées. Pour les Encyclopédistes, l'autorité politique, c'est-à-dire la capacité à entraver les désirs des autres, a deux origines, l'une juste et l'autre arbitraire. L'article « Autorité politique » indique que, hormis l'autorité paternelle :

> « *Toute autre autorité vient d'une autre origine de la nature. Qu'on examine bien et on la fera toujours remonter à l'une de ces deux sources : ou la force et la violence de celui qui s'en est emparé, ou le consentement de ceux qui s'y sont soumis par contrat fait ou supposé entre eux et celui à qui ils ont déféré l'autorité[1]. »*

L'autorité ne peut pas provenir d'un droit divin ou d'un charisme évident. Elle provient toujours du désir. Soit du désir hégémonique de celui qui s'empare de l'autorité. Soit du désir de ceux qui acceptent l'autorité.

L'autorité légitime a sa source dans le consentement et uniquement dans le consentement de ceux sur lesquels elle s'exerce :

> « *La puissance qui vient du consentement des peuples suppose nécessairement des conditions qui en rendent l'usage légitime utile à la société, avantageux à la république et qui la fixent et la restreignent entre des limites[2]. »*

En entrant en société, en s'imposant une autorité, les hommes n'entendent pas abdiquer leur capacité à désirer pour eux-mêmes. Le contrat n'est valide que si le pouvoir leur permet de satisfaire leurs désirs en paix. La paix et la garantie des biens et du repos des citoyens sont la seule légitimation de l'établissement d'un pouvoir et d'une autorité. La guerre en est d'autant plus scandaleuse. En effet pour Diderot, la paix :

1. *Ibidem.*
2. *Ibidem.*

« *[...] procure au peuple le bonheur qui est le but de toute société*[1]. »

La « poursuite du bonheur » et la déclaration d'indépendance des États-Unis d'Amérique

Au moment où éclate la guerre d'indépendance des États-Unis d'Amérique contre la métropole britannique, Thomas Jefferson, futur président, souligne que l'ordre social n'est justifié que s'il n'opprime pas les désirs humains. La poursuite du bonheur (*Pursuit of Happiness*) est érigée en principe de l'État par les « pères fondateurs ». Ils écrivent : « *Nous tenons pour évidentes pour elles-mêmes les vérités suivantes : tous les hommes sont créés égaux ; ils sont doués par le Créateur de certains droits inaliénables ; parmi ces droits se trouvent la vie, la liberté et la recherche du bonheur*[2]. »

Le légitime désir de bien-être matériel

Le luxe : besoin ou désir, nécessaire ou superflu ?

La question du luxe divise profondément les Encyclopédistes. C'est une dispute importante pour le désir. Le désir se distingue du besoin par le fait qu'il vise souvent le superflu. Pour assurer ma vie, j'ai besoin de vêtements chauds. Mais dès que je désire un *jean* de créateur ou un chapeau de styliste, j'entre dans le domaine du désir. Le désir de superflu et donc de luxe n'est pas loin.

Doit-on s'en tenir aux stricts besoins ? Dans ce cas, l'économie doit se limiter à produire le strict nécessaire. C'est la position de Rousseau :

---

1. *Ibidem.*
2. Déclaration d'indépendance des États-Unis d'Amérique du 4 juillet 1776, deuxième section.

« Voilà comment le luxe, la dissolution et l'esclavage ont été de tout temps le châtiment des efforts orgueilleux que nous avons faits pour sortir de l'heureuse ignorance où la sagesse éternelle nous avait placés. Le voile épais dont elle a couvert toutes ses opérations semblait nous avertir assez qu'elle ne nous a point destinés à de vaines recherches[1]. »

Doit-on faire droit au désir de bien-être matériel ? Dans ce cas, l'économie doit produire du superflu. C'est la position de Voltaire, Diderot et Turgot[2]. Ils l'expriment tous trois dans l'*Encyclopédie*. Pour eux, les désirs individuels de bien-être matériel sont des facteurs de développement collectif.

La *Fable des abeilles* et le désir de luxe

Un ouvrage a une influence déterminante sur la position des Encyclopédistes sur le désir de luxe et le désir d'enrichissement personnel. Il s'agit d'un ouvrage anglais de 1705 : *La fable des abeilles*. L'auteur, Bernard Mandeville, décrit une ruche où les bourdons vivent dans le luxe et l'oisiveté grâce au labeur des abeilles. La situation est jugée moralement inacceptable par les moralistes chrétiens. Pourtant, Mandeville montre comment le désir de luxe des « bourdons-aristocrates » est facteur de prospérité pour les « abeilles-roturières » qui produisent, contre rémunération, les objets consommés par les bourdons. Le désir individuel de luxe est un facteur de développement matériel collectif.

Pour Voltaire, limiter ses désirs à ses besoins c'est se méprendre sur le sens de la civilisation, de la vertu et du bonheur. Les arts, les

1. Rousseau, *Discours sur les sciences et les arts*, collection « Folio », Gallimard, Paris, 1964, p. 39, *cf.* chapitre 7.
2. Économiste et homme politique (1727-1781) ce ministre de Louis XVI rédige les articles économiques et agricoles de l'*Encyclopédie*, comme « Foires et marchés », « Fondation », etc. Son but est de créer un état de prospérité matérielle dans le royaume de façon à satisfaire les désirs matériels légitimes des individus et le désir de sécurité collectif du royaume. Il réhabilite la recherche de l'enrichissement personnel grâce au commerce, aux commandes publiques et à l'agriculture.

sciences et les techniques développent les désirs et les moyens de les assouvir. Pas de frustration possible :

> « *Il est bien doux pour mon cœur très immonde*
> *De voir ici l'abondance à la ronde,*
> *Mère des arts et des heureux travaux*
> *Nous apporter, de sa source féconde,*
> *Et des besoins et des plaisirs nouveaux[1].* »

Le désir d'abondance matérielle, facteur de progrès collectif

Les Encyclopédistes réhabilitent le désir d'enrichissement individuel. Sans désir individuel d'enrichissement, pas de progrès matériel de l'humanité. Le désir de luxe lui-même contribue à l'amélioration de l'humanité. Contre la sobriété stoïcienne[2] et contre l'idéal chrétien de pauvreté, l'article « Luxe » soutient, justifie et analyse le désir d'aisance matérielle. La prospérité d'une société est fondée sur lui :

> « *Partout ce grand nombre est ou doit être composé des habitants de la campagne, des cultivateurs ; pour qu'ils soient dans l'aisance, il faut qu'ils soient laborieux ; pour qu'ils soient laborieux, il faut qu'ils aient l'espérance que leur travail leur procurera un état agréable ; il faut aussi qu'ils en aient le désir. Les peuples tombés dans le découragement se contentent volontiers du simple nécessaire[3].* »

C'est parce qu'il désire s'enrichir et améliorer sa condition que l'homme travaille, invente et perfectionne. La condition de ce désir c'est une certaine assurance : l'assurance de pouvoir jouir du bien désiré.

---

1. Voltaire, *Le mondain*, 1736.
2. *Cf.* chapitre 3 du présent ouvrage.
3. *Encyclopédie*, article « Luxe ».

Le droit de propriété : une protection du désir contre les frustrations

Le droit de propriété, c'est, pour les Encyclopédistes comme pour les révolutionnaires de 1789, un rempart contre la spoliation. La couronne ou les grands seigneurs ne respectaient pas la propriété privée et confisquaient ce qui leur semblait bon. Le droit de propriété est la garantie de pouvoir désirer non pas en vain mais de façon assurée.

Les Encyclopédistes et la Déclaration des droits de l'homme et du citoyen

Ce texte fondamental pour la République française érige la propriété privée en droit fondamental, au même titre que la liberté. À l'article 2, il énonce : *« Le but de toute association politique est la conservation des droits naturels et imprescriptibles de l'homme. Ces droits sont la liberté, la propriété, la sûreté et la résistance à l'oppression. »* L'importance accordée au droit de propriété peut étonner certains d'entre nous. De nombreux penseurs socialistes considèrent au contraire que la propriété individuelle est une source d'injustice. Par exemple, pour Proudhon, *« la propriété, c'est le vol »*.

Pour les Encyclopédistes, la priorité est de protéger les individus contre la spoliation de leurs biens par les régimes autoritaires ou les monarchies absolues. Garantir la propriété contre les intrusions des puissants, c'est préserver le droit à désirer du peuple. Voilà pourquoi le droit de propriété joue un si grand rôle dans les révolutions politiques du XVIIIe siècle.

La diffusion du droit de propriété produit des effets matériels, économiques et sociaux que l'*Encyclopédie* vante abondamment :

> *« Lorsque les habitants de la campagne sont bien traités, insensiblement le nombre des propriétaires s'augmente*

parmi eux ; on y voit diminuer l'extrême distance et la vile dépendance du pauvre au riche ; de là ce peuple a des sentiments élevés, du courage, de la force d'âme, des corps robustes, l'amour de la patrie, du respect, de l'attachement pour les magistrats, pour un prince, un ordre, des lois auxquelles il doit son bien-être et son repos[1]. »

En matière économique aussi, les Encyclopédistes accomplissent une véritable révolution : ils légitiment le désir de s'enrichir, le désir de jouir d'un véritable bien-être matériel et le désir d'être garanti dans la jouissance de ses biens.

Liberté pour les désirs sexuels !

La révolution sexuelle, déjà ?

L'émancipation des corps est indissociable de la libération des esprits. Les désirs sexuels n'ont pas à être réprimés au motif qu'ils seraient contraires à la volonté divine, à l'organisation de la société ou à l'ordre de la nature. Ils en sont au contraire une des manifestations les plus récurrentes. Les désirs sexuels doivent donc être libérés des carcans imposés par la religion et les pouvoirs politiques. Les Encyclopédistes sont des « libertins » : la liberté sexuelle est une des dimensions de la liberté de l'humanité.

Encyclopédistes et libertins

Dans les multiples pamphlets dont les jésuites accablent l'*Encyclopédie*, le nom de « libertins » revient comme une accusation. Les adversaires de l'*Encyclopédie* utilisent un terme créé au XVIIe siècle pour désigner des penseurs hétérodoxes, marginaux ou ouvertement athées. Le mot « libertin » est destiné à discréditer les Encyclopédistes en condamnant leurs mœurs. Mais certains Encyclopédistes n'hésitent pas à reprendre

1. *Ibidem.*

ce mot à leur compte. Comme la liberté humaine est leur principal objectif, ce terme leur convient. Certains revendiquent même le libertinage érotique et sexuel comme une dimension de leur engagement intellectuel, politique et social. Un célèbre dramaturge contemporain, Eric-Emmanuel Schmitt, met en scène l'union du libertinage sexuel et de la lutte pour la liberté humaine dans une pièce consacrée à Diderot : *Le libertin.*

Les Encyclopédistes s'expriment sur la question de façon très détournée dans l'*Encyclopédie* elle-même. À force de ruser avec la censure, l'article « Passions » est presque anodin. Plusieurs Encyclopédistes préfèrent utiliser la littérature licencieuse, érotique ou même pornographique pour promouvoir, sous des noms d'emprunt, une libération des mœurs. Par exemple, Diderot fait scandale avec son récit *La religieuse* : un roman d'amour charnel dans les milieux ecclésiastiques !

Tabous et hypocrisie

Le texte qui exprime de la façon la plus détaillée la position des Encyclopédistes sur le sujet est atypique. Il s'agit d'un dialogue écrit par Diderot et publié à titre posthume en 1796, *Le Supplément au voyage de Bougainville.* Son sous-titre est à lui seul tout un programme. Il s'agit d'un *dialogue entre A et B sur l'inconvénient d'attacher des idées morales à certaines actions physiques qui n'en comportent pas.* Autrement dit, le désir sexuel, comme la digestion ou le clignement des yeux est une opération physiologique qui n'appelle pas d'évaluation éthique ou politique. Les protagonistes du dialogue, A et B, discutent de l'œuvre d'un explorateur français, Bougainville, qui narre ses voyages dans *Voyage autour du monde* paru en 1771. Le dialogue met en scène des Tahitiens qui s'adressent à Bougainville et à ses compagnons de voyage européens pour leur reprocher la corruption qu'ils apportent à leurs mœurs.

Diderot fait d'un Tahitien, Orou, son porte-parole. Celui-ci offre l'hospitalité au jésuite qui sert d'aumônier à l'expédition de

Bougainville. Conformément aux mœurs tahitiennes, il propose au jésuite de passer la nuit avec l'une de ses filles ou même avec sa propre femme. Le jésuite commence par refuser au nom de « sa religion, son état, les bonnes mœurs et l'honnêteté ». Puis il cède à la tentation et passe la nuit avec Thia, la plus jeune des filles d'Orou. Le lendemain, Orou engage la conversation avec le jésuite et blâme son hypocrisie. Pour lui, les désirs sexuels sont :

> « *un plaisir innocent auquel nature, la souveraine maîtresse, nous invite tous*[1]. »

Les notions de péché, de honte ou d'impudeur sont des conventions, des interdits inventés par certains hommes pour en dominer d'autres. Comme c'est le secret du désir sexuel qui l'entache, il convient de lui donner un tour moral en le rendant publique « *sans honte et au grand jour* ».

Les désirs, la concupiscence ou la pulsion ne sont pas mauvais en eux-mêmes. Ils ne le deviennent que sous l'influence de conventions qui favorisent l'hypocrisie et la perversité.

Les relations sexuelles et la procréation

La satisfaction des désirs sexuels n'est pas non plus un mal. C'est même la source d'un bien, tout matériel : les enfants. En effet, Diderot-Orou met l'accent sur ce qui constitue selon lui le but des relations sexuelles : la procréation. Les désirs sexuels réalisés sont le moyen :

> « *d'enrichir une nation en l'accroissant d'un sujet de plus. Un enfant est un accroissement de fortune pour la cabane et pour la nation (...) ce sont des bras, des mains de plus (...) nous voyons en lui un agriculteur, un pêcheur*[2]. »

Orou évalue le désir sexuel à l'aune de son résultat économique et démographique. Cela explique que les tabous européens soient dénués de sens : l'adultère et l'inceste ne sont pas condamnables

---

1. *Supplément au Voyage de Bougainville*, GF-Flammarion, Paris, chapitre 3.
2. *Ibidem.*

s'ils sont féconds. Orou va jusqu'à justifier l'inceste dans les cas où une fille serait sans mari :

> « *Si son père l'aime, il s'occupe de lui préparer sa dote en enfant*[1]. »

Mais le désir sexuel n'est pas sans interdits : les relations sexuelles entre personnes n'étant pas en âge de procréer sont prohibées. Interdits et libertés ne sont pas définis de la même façon à Tahiti et en Europe. Diderot et les Encyclopédistes considèrent que le désir sexuel est ramené à sa juste dimension s'il est considéré du point de vue de la nature.

Certains aspects de ce plaidoyer peuvent sembler osés. D'autres plus conventionnels : la libération des désirs homosexuels ou la satisfaction de pulsions sexuelles non directement liées à la reproduction ne sont pas comprises dans la cause de la libération sexuelle.

Libération sexuelle et oppression par le désir

Dans *Les liaisons dangereuses*, Choderlos de Laclos met en scène un parfait libertin : Valmont. Celui-ci donne libre cours à ses désirs sexuels. Mais sa force de séduction lui sert à manipuler, à blesser et à dominer celles qu'il considère comme ses proies. La liberté du désir fait renaître, sous d'autres formes, le désir bien connu de domination. Le joug de la morale cède le pas à l'oppression grâce au désir.

Pour finir...

Dans les philosophies du désir, les Encyclopédistes ont une place primordiale. Les premiers, ils défendent l'idée d'une libération nécessaire des désirs. Les premiers, ils soulignent la naturalité du désir. Les premiers, ils conçoivent l'émancipation des désirs sous toutes ses formes et dans tous les domaines : science, économie, politique, morale, sexualité…

---

1. *Ibidem*, chapitre 4.

7/

Rousseau

ou le désir
à l'épreuve
de la nature

Pour commencer...

La vie, les aspirations et même les désirs intimes de Jean-Jacques Rousseau nous sont particulièrement bien connus : il les a lui-même détaillés dans les *Confessions*[1]. Avec cet ouvrage, Rousseau crée un genre littéraire nouveau, l'autobiographie. Il décrit ainsi son projet :

> *« Je forme une entreprise qui n'eut jamais d'exemple [...].*
> *Je veux montrer à mes semblables un homme dans toute*
> *la vérité de sa nature ; et cet homme ce sera moi*[2]*. »*

Malgré les vérités approximatives et les illusions inhérentes à ce type d'exercice, l'ouvrage retrace une existence ballottée entre les désirs et les frustrations.

Rousseau naît en 1712 à Genève dans une famille protestante. Sa mère meurt en lui donnant naissance. Il est élevé successivement par son père, par son oncle et par un pasteur. Placé en apprentissage chez un maître horloger, il fuit Genève pour éviter les mauvais traitements de son patron et entame une vie d'errance. Recueilli par une dame de la petite noblesse locale, Mme de Warens, à condition de se convertir au catholicisme, il vit entre Chambéry, Lyon et Turin de 1732 à 1741. Tout à son idylle orageuse avec sa protectrice, il essaie de se faire maître de musique. En 1742, il tente l'aventure parisienne où il fréquente les Encyclopédistes. Épris de dames du monde mais timide, il vit avec une serveuse. Son rêve est de se rendre célèbre par ses compositions musicales. Mais la gloire vient par d'autres voies. En 1750, une société savante met au concours la question : « Le rétablissement des sciences et des arts a-t-il contribué à épurer les mœurs ?». Après un entretien passionné avec Diderot, alors emprisonné à Vincennes[3], Rousseau compose le *Discours sur les sciences et les arts*. Le texte est primé. Rousseau connaît enfin la notoriété tant désirée, qu'il renforce par un opéra puis, en 1755, grâce à un nouveau texte

---

1. *Les Confessions*, Gallimard, collection « Folio », Paris, 1973.
2. *Les Confessions*, édition citée, livre premier p. 33.
3. *Cf.* chapitre 6.

de concours, le *Discours sur l'origine et les fondements de l'inégalité parmi les hommes.*

Les années qui suivent sont celles de la rupture avec les Encyclopédistes, de la solitude mais aussi de la créativité. La rupture d'abord : en 1758, Rousseau publie la *Lettre à d'Alembert sur les spectacles* où il se démarque radicalement des Encyclopédistes ; il condamne les spectacles au motif qu'ils représentent et suscitent des désirs artificiels. La solitude ensuite : Rousseau est presque banni des salons des Lumières. Créativité enfin : il écrit coup sur coup, en 1761 et 1762, un roman d'amour épistolaire, véritable *best-seller* de l'époque, *Julie ou la nouvelle Héloïse,* ainsi que deux ouvrages philosophiques fondamentaux : *Du contrat social* et *Émile ou de l'éducation.* Ces trois œuvres magistrales attirent sur leur auteur une renommée internationale mais aussi les foudres de la censure religieuse. Rousseau est contraint à l'exil et erre entre la France, la Suisse et l'Angleterre. Derechef, il mène une vie vagabonde, recueilli puis chassé par ses protecteurs successifs, qu'il irrite souvent par ses manières. Il développe un véritable complexe de persécution et, pour se justifier, il écrit *Les Confessions.* Les dernières années de sa vie sont solitaires mais plus paisibles : il meurt en 1778, à Ermenonville, près de Paris.

La vie de Rousseau offre un contraste frappant entre, d'une part, ses désirs d'affection, de notoriété et de liberté et, d'autre part, les déceptions, les calomnies et les contraintes matérielles. Sa postérité est, elle, sans doute plus conforme à ses aspirations : considéré comme un des pères de la pensée politique contemporaine, inspirateur de la Révolution, il est également l'un des plus grands écrivains de langue française. Ses cendres sont transférées par les révolutionnaires au Panthéon dès 1794.

L'homme entre besoins et désirs

Le besoin fondamental de l'homme : assurer sa survie

La vision rousseauiste des désirs repose sur une distinction fondamentale entre besoin et désir. D'un côté, les appétits naturels de l'homme sont des besoins instinctifs. D'un autre côté, les aspirations excitées par la vie en société sont des désirs artificiels. Naturellement, l'homme a un seul type de besoin, celui d'assurer sa propre conservation :

> « *Le premier sentiment de l'homme fut celui de son existence, son premier soin, celui de sa conservation*[1]. »

Les appétits naturels de l'homme sont circonscrits à ce qui préserve sa vie, nourriture, protection contre les intempéries et défense contre les prédateurs :

> « *Sa propre conservation faisant presque son unique soin, ses facultés les plus exercées doivent être celles qui ont pour objet principal l'attaque et la défense, soit pour subjuguer sa proie, soit pour se garantir d'être celle d'un animal*[2]. »

Le domaine des besoins à proprement parler est fort exigu. La satisfaction des besoins peut aller de pair avec une frugalité certaine.

2 000 calories par jour

Pour identifier nos besoins vitaux, il n'est besoin que de lire les emballages des produits alimentaires de consommation courante. Ils expliquent quelle part des besoins alimentaires journaliers couvre l'aliment emballé. Nous n'avons besoin que de 2 000 calories par jour pour vivre en bonne santé. Autant dire que notre alimentation a, depuis longtemps, quitté le domaine des besoins pour entrer dans le royaume des désirs.

1. *Discours sur l'origine et les fondements de l'inégalité parmi les hommes*, Gallimard, collection « Folio », Paris, 1965, p. 95.
2. *Ibidem*, p. 70.

Des besoins aisés à satisfaire

Les besoins de l'homme naturel sont aussi limités que ses connaissances :

> « *L'homme sauvage, privé de toutes sortes de lumières, n'éprouve que des passions de cette dernière espèce (impulsion de la nature) ; ses désirs ne passent pas ses besoins physiques ; les seuls biens qu'il connaisse dans l'univers sont la nourriture, une femelle et le repos ; les seuls maux qu'il craigne sont la douleur et la faim*[1]. »

La satisfaction de ces besoins est d'autant plus aisée qu'ils sont frugaux :

> « *Les productions de la terre lui fournissaient tous les secours nécessaires, l'instinct le porta à en faire usage*[2]. »

On ne peut même pas, dans l'état de nature, parler de désir érotique, tout au plus d'appétence ou d'impulsion sexuelle :

> « *La faim, d'autres appétits lui faisant éprouver tour à tour diverses manières d'exister, il y en eut une qui l'invita à perpétuer son espèce ; et ce penchant aveugle, dépourvu de tout sentiment du cœur, ne produisait qu'un acte purement animal. Le besoin satisfait, les deux sexes ne se reconnaissaient plus, et l'enfant n'était plus rien à la mère sitôt qu'il pouvait se passer d'elle*[3]. »

Ce qui sépare le besoin sexuel du désir érotique, c'est tout simplement le sentiment. Pour Rousseau, le sentiment est un ensemble de représentations qui parent l'objet de l'appétit de certaines qualités - qu'il n'a pas nécessairement.

---

1. *Ibidem*, p. 74.
2. *Ibidem*, p. 95.
3. *Ibidem*, p. 95.

État de nature et besoins fondamentaux

Quand Rousseau présente l'état de nature des besoins humains, gardons-nous de croire qu'il entend présenter une réalité historique. C'est l'erreur que Voltaire a feint de commettre, afin de ridiculiser les thèses rousseauistes. En décrivant l'homme naturel, Rousseau entend analyser les besoins réels de l'homme pour bien cerner les spécificités des désirs. Le portrait de l'homme sauvage n'est pas une description anthropologique scientifique. Ce que présente *Le deuxième discours*, c'est une norme, c'est ce que l'homme devrait être :

> « *L'homme sauvage, livré par la nature au seul instinct [...] commencera par les fonctions purement animales. Vouloir ou ne pas vouloir, désirer et craindre, seront les premières et presque les seules opérations de son âme*[1]. »

L'homme est un être naturel, un animal. C'est un être de besoins avant d'être un être de désirs. Tous les philosophes qui tracent une frontière entre les hommes, êtres de désirs, et les animaux, êtres de besoins, ont commis une erreur, car les désirs proviennent de la société, non de la nature humaine :

> « *Tous, parlant sans cesse de besoin, d'avidité, d'oppression, de désirs et d'orgueil, ont transporté à l'état de nature des idées qu'ils avaient prises dans la société*[2]. »

Grâce à cette opposition entre besoins naturels et désirs artificiels, Rousseau dresse un véritable réquisitoire contre les désirs.

La soif de domination, désir fondamental de l'homme ?

Thomas Hobbes, philosophe anglais[3], considère que la tendance naturelle fondamentale de l'homme est moins de se conserver soi-même que d'attaquer et

---

1. *Ibidem*, p. 72.
2. *Ibidem*, p. 62
3. 1588-1679.

de soumettre autrui. Dans *Léviathan*, il propose de fonder la société, les lois et l'État sur cet axiome bien pessimiste : l'homme est un loup pour l'homme[1].

Dans tous ses ouvrages, Rousseau prend le contre-pied de Hobbes : le désir de domination, la *libido dominandi*, est un appétit non naturel. L'aspiration première de l'homme est de s'éloigner de ses semblables pour se garantir du danger qu'ils peuvent représenter.

Le besoin biologique de vivre est bien différent du désir social de dominer.

Le désir, source de servitude, de décadence et d'inégalité

Liberté des besoins, servitude des désirs

Rousseau blâme les désirs pour l'asservissement où ils nous plongent. C'est son premier grief contre le désir.

Alors que, pour de nombreux penseurs, les besoins de notre corps sont des entraves, Rousseau soutient au contraire que le besoin est lié à la liberté alors que le désir est lié à la servitude. Le besoin est aisé à satisfaire et on peut donc aisément s'en débarrasser. Je ne suis pas esclave de la nourriture puisqu'un bout de pain suffit à me délivrer de la faim.

Le corps prison

Pour les platoniciens[2], le corps est la prison de l'âme. Les besoins corporels basiques (alimentation, boisson, repos, etc.) sont comme des chaînes qui attachent l'homme au monde sensible et le détournent de la contemplation du monde intelligible. Pour les disciples de Platon, les besoins corporels réduisent notre véritable moi, l'âme, en esclavage. Le désir de vérité est lui, une voie de libération.

---

1. Thomas Hobbes, *Léviathan*, I, 13.
2. *Cf.* chapitre 1.

Il en va tout autrement des désirs. Comme leur satisfaction est difficile, ils sont source d'oppression, y compris politique :

> « *Les Princes voient toujours avec plaisir le goût des arts agréables et des superfluités dont l'exportation de l'argent ne résulte pas s'étendre parmi leurs sujets. Car outre qu'ils les nourrissent ainsi dans cette petitesse d'âme si propre à la servitude, ils savent très bien que tous les besoins que le peuple se donne sont autant de chaînes dont il se charge[1].* »

Le développement des techniques crée sans arrêt des désirs nouveaux. Qui aurait désiré une tablette numérique en 1982 ? Qui aurait voulu des sodas allégés en sucre en 1834 ? Les désirs commandent et nous suivons. Mais Rousseau dénonce ici une source supplémentaire d'asservissement : les gouvernants mettent à profit notre occupation constante à satisfaire des désirs constamment renouvelés. Cette quête nous détourne du désir de pouvoir.

Régime alimentaire et dépendance politique

Pour la FAO[2], agence de l'ONU pour l'alimentation et l'agriculture, le développement d'exportations de masse de blé modifie les habitudes alimentaires des pays en développement. Le blé remplace les cultures vivrières locales, comme le manioc, et place ces pays dans une grande dépendance à l'égard des pays exportateurs. Rousseau souligne, lui aussi, le caractère potentiellement oppressif de la création de nouveaux désirs alimentaires :

« *Alexandre le Grand, voulant maintenir les Ichtyophages*[3]

---

1. *Discours sur les sciences et les arts*, Gallimard, collection « Folio », Paris, 1964, p. 31, note.
2. La *Food and Agriculture Organisation* a été créée en 1945, c'est une agence de l'Organisation des Nations unies (ONU).
3. Peuple mythologique qui, comme son nom l'indique, se nourrit de poisson, *ichtus* en grec.

dans sa dépendance, les contraignit de renoncer à la pêche et de se nourrir des aliments communs aux autres Peuples ; et les sauvages de l'Amérique, qui vont tout nus et qui ne vivent que du produit de leur chasse, n'ont jamais pu être domptés. En effet, quel joug imposerait-on à des hommes qui n'ont besoin de rien[1] ? »

Le désir, cause de la décadence des mœurs et de la chute des empires

Deuxième grief de Rousseau contre les désirs : leur satisfaction est source de décadence.

Dans le *Discours sur les sciences et les arts*, Rousseau compare le besoin et le désir *via* une comparaison entre Rome et elle-même, avant et après la conquête de la Grèce. Avant la conquête, Rome était pauvre, sobre, frugale, ignorante, libre et vertueuse. Après la conquête, Rome est plus savante, plus riche de désirs, mais elle est plus servile et moins vertueuse :

> « *Voilà comment le luxe, la dissolution et l'esclavage ont été de tout temps le châtiment des efforts orgueilleux que nous avons faits pour sortir de l'heureuse ignorance où la sagesse éternelle nous avait placés. Le voile épais dont elle a couvert toutes ses opérations semblait nous avertir assez qu'elle ne nous a point destinés à de vaines recherches[2]. »*

Nombreux sont les moralistes qui attribuent la décadence des empires à la multiplication sans fin des désirs. Dans les années 1980, le film *Le déclin de l'empire américain* attribuait aussi la décadence (relative) des États-Unis d'Amérique aux excès de la société de consommation.

Le jardin d'Éden et la chute

L'argumentation de Rousseau est plus frappante qu'originale. La déchéance morale causée par le désir

---

1. *Discours sur les sciences et les arts*, édition citée, p. 31, note.
2. *Ibidem*, p. 39.

est figurée dans la *Bible*. À l'origine[1], Adam et Ève vivent au jardin d'Éden dans un univers de satisfaction immédiate de besoins simples : le jardin d'Éden les nourrit. Mais dès qu'ils goûtent aux fruits défendus de l'arbre du savoir, ils sont en proie à des désirs insatiables : soif de connaissance, concupiscence, gourmandise, etc. Les péchés capitaux naissent tous du désir.

Rousseau va plus loin encore. Sans les vices, aucune des sciences n'existerait :

« *Que ferions-nous des arts, sans le luxe qui les nourrit ? Sans les injustices des hommes, à quoi servirait la jurisprudence ? Que deviendrait l'Histoire, s'il n'y avait ni tyrans, ni guerres, ni conspirateurs ? Qui voudrait, en un mot, passer sa vie à de stériles contemplations, si chacun, ne consultant que les devoirs de l'homme et les besoins de la nature, n'avait de temps que pour la patrie, pour les malheureux, et pour ses amis[2] ?* »

Le contexte des discours ne doit pas nous égarer : Rousseau pousse les paradoxes à leur extrême, afin de remporter la compétition de rhétorique. Mais forcer le trait, c'est souligner sa thèse fondamentale : le désir enclenche une dynamique morale qui éloigne de la pureté des besoins.

Le désir de se distinguer, source des inégalités

Le troisième grief de Rousseau contre l'explosion des désirs met au jour la racine des difficultés. Un désir sous-tend tous les autres désirs et leur donne leur tour négatif. Il s'agit du désir de se distinguer, de se démarquer et de se faire admirer d'autrui :

« *Chacun commença à regarder les autres et à vouloir être regardé soi-même, et l'estime publique eut un prix[3].* »

---

1. *Genèse*, chapitre 3.
2. *Discours sur les sciences et les arts*, édition citée, p. 41.
3. *Ibidem*, p. 99.

Tout est bouleversé dès qu'apparaît le désir de se distinguer. L'homme naturel se consacre à sa propre conservation. C'est la « passion » que Rousseau nomme « l'amour de soi » et que les Modernes appellent « instinct de conservation ». Mais l'homme de société, l'homme qui vit au milieu des autres et se fait une certaine idée de lui-même se compare aux autres. Il n'est plus en proie à « l'amour de soi » mais à « l'amour-propre ». Prenons garde, ces termes ont un sens philosophique différent des acceptions courantes.

La tyrannie de l'amour-propre

« L'amour de soi » est le nom que Rousseau donne à l'instinct de conservation individuel. C'est un besoin naturel fondamental. « L'amour-propre » est, lui, le désir d'avoir une haute opinion de soi-même et, surtout, le désir d'imposer aux autres d'avoir une image flatteuse de soi-même. L'amour-propre est la cible favorite du moraliste La Rochefoucauld[1] :

« L'amour-propre (...) rend les hommes idolâtres d'eux-mêmes, et les rendrait tyrans des autres, si la fortune leur en donnait les moyens[2]. »

Le désir de se distinguer engendre le désir d'améliorer constamment la représentation de soi-même auprès des autres. Il crée de multiples sous-désirs : pour affirmer sa supériorité sur les autres, il faut se donner de l'importance, acquérir des positions en vue, s'enrichir, etc. Pourquoi chercher à devenir une star de la chanson, un homme politique en vue ou un as de la finance ? Ne suffit-il pas de gagner sa vie ? Non. Les hommes ont un démon intérieur : le besoin de reconnaissance sociale. C'est la source de leur ascension. Mais aussi celle de leurs malheurs.

En effet, pour Rousseau, le désir de se distinguer lance la machine infernale du creusement des inégalités :

---

1. Militaire, homme politique et écrivain français (1613-1680).
2. La Rochefoucauld, *Maximes*, maxime 563 « Sur l'amour-propre ».

« *Dès qu'on s'aperçut qu'il était utile à un seul d'avoir des provisions pour deux, l'égalité disparut, la propriété s'introduisit, le travail devint nécessaire et les vastes forêts se changèrent en des campagnes riantes qu'il fallut arroser de la sueur des hommes, et dans lesquelles on vit bientôt l'esclavage et la misère germer avec les moissons[1].* »

Le réquisitoire que prononce Rousseau dans ses discours contre les désirs peut paraître accablant. Il semble condamner l'artificialité et la nocivité des désirs au nom de la naturalité et de la simplicité des besoins. Rousseau ne néglige pourtant pas les potentialités positives des désirs. Il va parfois jusqu'à les exalter.

Les puissances créatrices du désir

Le réquisitoire de Rousseau contre le désir est loin d'être sans appel. Dans toutes ses œuvres, y compris dans les deux discours, Rousseau souligne le double visage du désir. Certes, les désirs sont à l'origine de nombreux maux. Mais ils sont indissociables de ce qu'il y a de plus haut en l'homme.
Les désirs sont inextricablement liés avec les facultés psychiques spécifiquement humaines : imagination, calcul, raisonnement. L'alliance entre désir et raison permet à l'homme de se perfectionner sans cesse, de chercher la vérité et de se lancer dans la création artistique.

Le désir entre malédiction et bénédiction
Avoir des désirs est une malédiction pour l'homme : Rousseau décrit abondamment les conséquences funestes de la capacité humaine à dépasser les simples besoins. D'un autre côté, la capacité à avoir plus que des besoins permet d'inventer une vie totalement originale, y compris d'un point de vue biologique.

---

1. *Discours sur l'origine et les fondements de l'inégalité parmi les hommes*, édition citée, p. 101.

Le désir est une manifestation de la liberté créatrice, comme le souligne Rousseau quand il compare animal et homme :

> « *L'un choisit ou rejette par instinct, et l'autre par un acte de liberté ; ce qui fait que la bête ne peut s'écarter de la règle qui lui est prescrite, même quand il lui serait avantageux de le faire, et que l'homme s'en écarte souvent à son préjudice[1]*. »

Rousseau rompt ici avec les courants qui considèrent le désir comme une force d'asservissement. À la différence de Descartes[2], il ne considère pas que les appétits biologiques sont purement mécaniques. Pour Rousseau, la séparation entre des impulsions purement corporelles et des élans spécifiquement psychiques est simpliste. La liberté de l'homme s'exprime dans les désirs les plus simples, y compris biologiques. Par exemple, pour choisir sa nourriture, l'homme ne se laisse pas seulement guider par l'instinct, à la différence des autres animaux dont le régime alimentaire est aussi invariable que leurs instincts, parfois jusqu'à l'absurde :

> « *C'est ainsi qu'un pigeon mourrait de faim près d'un bassin rempli des meilleures viandes, et un chat sur des tas de fruits, ou de grains, quoique l'un et l'autre pussent très bien se nourrir de l'aliment qu'ils dédaignent, s'ils s'étaient avisés de l'essayer[3]*. »

Dans le choix de ses mets, l'homme suit non pas l'instinct, mais ses désirs. Par exemple, quand nous dévorons plats en sauce et pâtisseries, nous suivons nos désirs, à tel point que nous pouvons le faire au détriment du besoin naturel de nous maintenir en bonne santé grâce aux aliments :

> « *C'est ainsi que les hommes dissolus se livrent à des*

---

1. *Ibidem*, p. 71.
2. *Cf.* chapitre 4.
3. *Discours sur l'origine et les fondements de l'inégalité parmi les hommes*, édition citée, p. 71.

excès, qui leur causent la fièvre et la mort ; parce que l'esprit déprave les sens, et que la volonté parle encore, quand la nature se tait[1]. »

Le désir humain transforme complètement la façon dont les besoins biologiques de base sont satisfaits.

Boire sans soif et faire l'amour en tout temps

Au siècle des Lumières, Rousseau n'est pas le seul à souligner que la liberté humaine influence jusqu'aux actes biologiques. Ainsi, dans *Le mariage de Figaro*, Beaumarchais fait dire à un de ses personnages, Antonio : « *Boire sans soif et faire l'amour en tout temps, Madame, il n'y a que ça qui nous distingue des autres bêtes[2].* »

Le pouvoir créateur du désir vient du fait qu'il n'a pas d'objet prédéterminé. L'impulsion sexuelle des animaux porte sur tout être du sexe opposé qui se présente au moment propice. Le désir sexuel humain est lui sans objet fixe. Il peut même être sans objet. La vie sentimentale de Rousseau est marquée par cette indétermination de l'objet du désir. C'est ce qu'il fait écrire à ses héros, dans son roman épistolaire *Julie ou la nouvelle Héloïse* :

« Mon cœur ignore ce qui lui manque ; il désire sans savoir quoi[3]. »

La puissance créatrice du désir est indéfinie : elle peut s'inventer à l'envi des objets toujours neufs, différents et attrayants.

Les désirs et la « perfectibilité » de l'homme

Aux yeux de Rousseau, l'homme est, par rapport aux animaux, moins richement doté en capacités physiques naturelles. Il est donc moins capable de satisfaire aisément ses besoins. L'homme est nu.

---

1. *Ibidem*, p. 71.
2. Beaumarchais, *Le mariage de Figaro*, acte I, scène 21.
3. *Julie ou la nouvelle Héloïse*, partie VI, lettre VIII, édition citée, p. 523.

La technique au secours des désirs humains

Dans le *Protagoras*[1], Platon expose un mythe largement répandu en Grèce ancienne et repris par la postérité. Zeus avait chargé deux êtres divins, Prométhée et Épiméthée, de distribuer aux différents êtres vivants les différentes caractéristiques physiques propres à assurer leur survie : la laine pour les moutons, les ailes pour les oiseaux, etc.

À cause d'un oubli d'Épiméthée, seul l'homme resta dépourvu de défenses naturelles. Il était une proie potentielle pour tous les autres animaux et était incapable de satisfaire ses besoins vitaux. Prométhée déroba alors aux dieux et pour les hommes la capacité à créer des outils. La technique et l'intelligence sont destinées à pallier l'absence de capacités physiques pour l'homme.

L'homme est nu, mais il est doté de la capacité à se perfectionner lui-même : c'est la « perfectibilité » :

> « *Quand les difficultés qui environnent toutes ces questions laisseraient quelque lieu de disputer sur cette différence de l'homme et de l'animal, il y a une autre qualité très spécifique qui les distingue et sur laquelle il ne peut y avoir de contestation, c'est la faculté de se perfectionner*[2]. »

La « perfectibilité » resterait latente si l'homme n'avait pas la capacité à désirer plus que ce qu'il n'a et mieux que ce qu'il n'est. En effet, se perfectionner soi-même suppose d'identifier ses propres déficiences. Cela suppose non seulement de se voir tel qu'on est mais également de se voir tel qu'on pourrait être.

Par exemple, pour améliorer sa protection contre les intempéries, il faut désirer une maison. Or, pour désirer construire une

---

1. Platon, *Protagoras*, 320d-322b.
2. *Discours sur l'origine et les fondements de l'inégalité parmi les hommes*, édition citée, p. 54.

maison, il faut que je me voie dépourvu d'un abri, que j'imagine ce qu'est un abri et que je trouve le moyen de le construire. Le désir suppose et aiguillonne des facultés créatives : représentation de soi, imagination, réflexion, inventivité, astuce, etc.

La puissance du désir est ici infinie : le perfectionnement de l'homme est une entreprise sans limites.

L'alliance inattendue entre le désir et la raison

Pour Rousseau, le désir n'est donc pas enraciné dans la nature animale de l'homme. Il est lié à la capacité humaine à avoir des représentations différentes des sensations pures. Rousseau est un des premiers à mettre en évidence l'alliance entre le désir et la raison :

> « *Quoi qu'en disent les moralistes, l'entendement humain doit beaucoup aux passions, qui, d'un commun aveu, lui doivent beaucoup aussi : c'est par notre activité que notre raison se perfectionne ; nous ne cherchons à connaître que parce que nous désirons de jouir, et il n'est pas possible de concevoir pourquoi celui qui n'aurait ni désirs ni craintes se donnerait la peine de raisonner[1]. »*

La recherche de la vérité, la capacité à raisonner, la raison, la soif de connaissance, toutes ces tendances ne sont pas radicalement différentes des désirs. Rousseau récuse ici la distinction classique entre les désirs matériels et les désirs spirituels. Au contraire, l'effort de connaissance de l'homme est guidé par le désir le plus simple : vivre. Par exemple, la Renaissance italienne invente le télescope moins pour connaître les étoiles que pour voir l'ennemi arriver de plus loin.

Le désir alimente la recherche de vérité mais, réciproquement, le perfectionnement de la raison et des connaissances aiguise le désir. Les connaissances scientifiques ouvrent de nouvelles perspectives aux désirs. Par exemple, dès que je sais que l'opération de la cataracte est possible, je ne peux plus me résigner

---

1. *Ibidem*, p. 73.

à devenir aveugle. Je désire jouir de la vue quel que soit l'état de vieillissement de mes yeux. Le travail de la raison renforce l'expansion des désirs :

> « *Les passions, à leur tour, tirent leur origine de nos besoins, et leur progrès de nos connaissances ; car on ne peut désirer ou craindre les choses que sur les idées qu'on en peut avoir, ou par la simple impulsion de la nature*[1]. »

Rousseau met ici en évidence les « origines impures » du désir de connaissance. Il ne s'agit pas d'une aspiration désintéressée à la vérité. Il s'agit bien souvent d'un désir prosaïque de la condition humaine. Le désir crée des connaissances, qui, en retour, créent de nouveaux désirs. La puissance créatrice du désir est, une troisième fois, infinie.

Le désir artiste ?

Pour Rousseau, le pouvoir créateur du désir s'illustre également dans le domaine artistique, où il excelle. Le désir érotique et le désir littéraire supposent un jeu de l'imagination. Par exemple, inventer un héros de roman ou rêver « l'homme de sa vie », c'est parer un être de qualités qu'il n'a pas nécessairement.

Rousseau décrit la dynamique de son désir amoureux dans des termes très proches de ceux qu'il emploie pour dépeindre son processus de création littéraire. L'écriture de *Julie ou la nouvelle Héloïse* est largement confondue avec son amour pour Mme d'Houdetot. Au moment, où il rencontre celle-ci, il écrit :

> « *Elle vint ; je la vis ; j'étais ivre d'amour sans objet : cette ivresse fascina mes yeux, cet objet se fixa sur elle ; je vis ma Julie en madame d'Houdetot, et bientôt je ne vis plus que madame d'Houdetot, mais revêtue de toutes les perfections dont je venais d'orner l'idole de mon cœur*[2]. »

---

1. *Ibidem*, p. 74.
2. *Les Confessions*, livre X, édition citée, p. 529.

L'écrivain est comme l'amant : il désire parce qu'il imagine et imagine parce qu'il désire. Il crée en laissant libre cours au désir et à l'imagination.

L'écriture d'un roman à succès : une affaire de désir

Le désir est un véritable démiurge. En littérature comme dans l'amour, il crée tout un univers par ses propres forces. Pour Rousseau, l'écriture de *Julie ou la nouvelle Héloïse* est l'effet d'un désir indistinctement amoureux et artistique. *A posteriori*, il décrit la période de la création du roman dans les termes suivants : « *L'amour n'est qu'illusion ; il se fait, pour ainsi, un autre univers, il s'entoure d'objets qui ne sont point, ou auxquels lui seul a donné l'être*[1]. »

La difficile coexistence des désirs individuels au sein de la société

Le désir, défi principal à la vie collective

Pour Rousseau, comme pour Spinoza[2] et pour Freud[3], le désir est le principal défi de la vie en collectivité.

Le désir, voilà l'ennemi de la société !

Bien des films de *gangsters* mettent en scène l'affrontement éternel entre le désir individuel et l'ordre collectif. Le désir d'enrichissement, de pouvoir, de jouissance ou tout simplement de liberté des *gangsters* est représenté comme une menace pour la société.

Les cinéastes peuvent être du côté de la société comme Brian de Palma dans *Les incorruptibles* (1987) où Eliott Ness (Kevin Costner) oppose un rempart à la soif de

---

1. *Julie ou la nouvelle Héloïse*, « deuxième préface ou entretien sur les romans », édition citée, p. 574-575.
2. *Cf.* chapitre 5.
3. *Cf.* chapitre 6.

pouvoir d'Al Capone. Les cinéastes peuvent au contraire vanter l'hédonisme libertaire de bandits anticonformistes opprimés par la société comme Sam Pekimpah dans *Guet-Apens* (1972) où Steve McQueen cherche à fuir une Amérique corrompue.

Le désir individuel est profondément égoïste. Il vise son propre intérêt sans tenir compte de celui des autres. Pis, il vise sa propre satisfaction au détriment des besoins les plus élémentaires des autres. Il peut même être meurtrier, comme Rousseau le note quand il analyse le désir sexuel :

> « *Parmi les passions qui agitent le cœur de l'homme, il en est une ardente, impétueuse, qui rend un sexe nécessaire à l'autre, passion terrible qui brave tous les dangers, renverse tous les obstacles et qui dans ses fureurs semble propre à détruire le genre humain qu'elle est destinée à conserver. Que deviendront les hommes en proie à cette rage effrénée et brutale, sans pudeur, sans retenue et se disputant chaque jour leurs amours au prix de leur sang[1] ?* »

La figure extrême du désir antisocial, c'est le désir de réduire les autres en esclavage. L'homme en proie à la *libido dominandi* ou au « désir de dominer » a pour but de substituer ses désirs aux désirs d'autrui. C'est un désir illimité, dangereux et absurde que Rousseau résume ainsi :

> « *Je fais avec toi une convention toute à ta charge et toute à mon profit, que j'observerai tant qu'il me plaira, et que tu observeras tant qu'il me plaira[2].* »

Ce désir ruine la possibilité d'établir avec autrui une communauté ou une société. Le désir laissé à lui-même veut régner en solitaire.

---

1. *Discours sur l'origine et les fondements de l'inégalité parmi les hommes*, édition citée, p. 87.
2. *Du contrat social*, livre I, chapitre 5, GF-Flammarion, Paris, 1967, p. 49.

Faire cohabiter les désirs ?

Toute la question, pour les responsables politiques, est de savoir comment faire cohabiter les désirs. Est-ce même réaliste ? L'existence de la société ne suppose-t-elle pas la suppression des désirs ?

Pour Rousseau, la difficulté est de parvenir à une solution acceptable : ni l'état de nature où les hommes vivent libres et solitaires dans leurs désirs, ni une tyrannie où tous les désirs des hommes sont annihilés au profit de ceux d'un tyran. Voici comment Rousseau la formule :

> « *Trouver une forme d'association qui défende et protège de toute la force commune la personne et les biens de chaque associé, et par laquelle chacun s'unissant à tous n'obéisse pourtant qu'à lui-même et reste aussi libre qu'auparavant*[1]. »

Dans cette formule, fondatrice pour la philosophie politique démocratique, s'exprime à la fois la nécessité et la difficulté de faire cohabiter les désirs individuels au sein d'un ordre collectif.

La composition des intérêts à l'origine de la société

Pour Kant[2], la formation d'une société où les désirs individuels coexistent n'est pas si problématique. Dans un opuscule intitulé *Idée d'une histoire universelle d'un point de vue cosmopolitique*, Kant affirme que les hommes sentent rapidement les défauts de l'absence d'organisation politique. À force de voir leurs désirs frustrés à cause du chaos social, ils verront qu'il est dans l'intérêt de leurs désirs de composer les uns avec les autres. La création d'une société proviendrait d'un accord fort simple : « laisse-moi satisfaire une certaine quantité de désirs et je te laisserai satisfaire les tiens,

---

1. *Ibidem*, chapitre 6, édition citée, p. 51.
2. Philosophe prussien (1724-1804), illustre figure du courant des Lumières, Emmanuel Kant est très influencé par la lecture de Rousseau et des Encyclopédistes.

dans une quantité raisonnable. » Il s'agit d'une solution optimiste donnée à la question rousseauiste de la cohabitation des désirs dans l'ordre social.

Du désir individuel à la volonté générale

Pour Rousseau, il ne suffit pas que les hommes constatent que leurs désirs s'affrontent pour qu'ils aient l'idée de créer une société. L'imagination, la réflexion et la volonté doivent effectuer un long travail. Les hommes doivent imaginer un moyen de concilier les désirs, un contrat social que Rousseau formule ainsi :

> « *Chacun de nous met en commun sa personne et toute sa puissance sous la suprême direction de la volonté générale ; et nous recevrons en corps chaque membre comme partie indivisible du tout*[1]. »

La conciliation des désirs demande au désir individuel de passer à un nouveau stade. Il doit se fondre dans la volonté collective. Les désirs individuels s'effacent devant une volonté générale qui permet, en retour, aux désirs humains d'être satisfaits.

Égalité des hommes et égalité des désirs

Laissé à lui-même, le désir se considère comme supérieur aux autres. Sa satisfaction prime tout. La satisfaction du désir d'autrui est sans importance. Avec le contrat social, l'égalité des hommes est reconnue et, avec elle, l'égalité de la légitimité des désirs individuels. C'est ce qui inspire la *Déclaration des droits de l'homme et du citoyen*. Le « bon plaisir » du roi et le caprice du grand seigneur ne sont pas plus légitimes que le désir du bourgeois ou le besoin du manant.

Vers une évaluation objective des désirs ?

Avec la conclusion du contrat social, le jugement qu'on porte sur les désirs humains change du tout au tout.

---

1. *Du contrat social*, livre I, chapitre 6, édition citée, p. 52.

Avant l'adhésion au pacte, on peut juger les désirs en se demandant s'ils sont naturels ou artificiels. Mais il est bien difficile de les condamner : les uns considéreront le désir de parures comme un besoin de première nécessité alors que les autres le considéreront comme un appétit de luxe. Mais les points de vue subjectifs ne peuvent faire l'objet d'un arbitrage objectif.

Après la conclusion du pacte, les désirs peuvent être évalués grâce à une norme acceptée de tous et donc objective : les désirs sont justifiés s'ils sont compatibles avec la volonté générale. C'est ce que Rousseau appelle l'entrée des désirs dans la sphère de la moralité :

> « *Ce passage de l'état de nature à l'état civil produit dans l'homme un changement très remarquable, en substituant dans sa conduite la justice à l'instinct, et donnant à ses actions la moralité qui leur manquait auparavant*[1]. »

Comme la collectivité peut s'appuyer sur une évaluation objective des désirs, elle est fondée à les encadrer, à les limiter et même à les interdire. Les hommes n'évaluent plus leurs désirs individuels à la lumière de leur intérêt personnel. Ils les jugent à l'aune du pacte qu'ils ont conclu :

> « *C'est alors seulement que la voix du devoir succédant à l'impulsion physique et le droit à l'appétit, l'homme, qui jusque-là n'avait regardé que lui-même, se voit forcé d'agir sur d'autres principes, et de consulter sa raison avant ses penchants.* »

Le désir individuel, grand perdant du contrat social ?

On considère souvent que le triomphe de la volonté générale consacre la mort des désirs individuels. Rousseau soutient au contraire que les désirs individuels ont beaucoup à gagner à se plier à la discipline du contrat social :

---

1. *Ibidem*, chapitre 8, édition citée, p. 55.

« *Réduisons cette balance à des termes faciles à comparer. Ce que l'homme perd par le contrat social, c'est sa liberté naturelle et un droit illimité à tout ce qui le tente et qu'il peut atteindre ; ce qu'il gagne, c'est la liberté civile et la propriété de tout ce qu'il possède*[1]. »

Pour Rousseau, le désir individuel ne disparaît pas dans la volonté générale. Ce qui est aboli, c'est une certaine forme du désir : l'impulsion ou le caprice. Ce qui est perdu c'est le désir de l'immédiat. Par exemple, je suis tenté par cette pomme, je la cueille et la mange. Qu'importe que la plantation du verger, la culture des arbres, le traitement des fruits aient donné du travail à un autre !

Le pacte social transforme ce désir. Je prends en compte le désir d'autrui, je le range, comme le mien, sous l'égide de la volonté générale de ne pas opprimer les désirs des autres. Je réfléchis : mon désir de la pomme peut être satisfait autrement qu'en la dérobant : il suffit de la payer. Ce que gagne mon désir, c'est une satisfaction paisible : si j'achète la pomme, je peux la manger en paix.

Pour finir...

Grâce à la finesse de sa plume et à sa sensibilité, Rousseau détaille les relations complexes qui se nouent entre le désir humain et la nature. Le désir nous est naturel. Il est donc légitime. Mais il est aussi ce qui nous arrache à la naturalité solide des besoins. Le désir est une irremplaçable source de créativité et donc de liberté. Mais c'est une source potentielle d'asservissement et de malheur. Toute la philosophie de Rousseau se joue dans un équilibre fragile entre humanité et nature. D'un côté, s'écarter de la nature et devenir pleinement humain en développant ses désirs. D'un autre côté, se rapprocher le plus possible de la nature pour assurer à ses désirs une issue heureuse.

---

1. *Ibidem*, édition citée, p. 55.

8 / Freud

ou le désir démasqué

Pour commencer...

Sigmund Freud naît en 1856 dans une petite ville de Moravie, une province de l'empire Austro-hongrois aujourd'hui située en République tchèque. Issu d'une famille juive de la petite bourgeoisie, il passe sa jeunesse dans la capitale impériale, Vienne. Impressionné par l'œuvre de Charles Darwin[1], il choisit, en 1873, de se consacrer à la médecine. Il travaille comme chercheur et comme praticien dans différents services hospitaliers. Il publie des articles scientifiques, notamment sur les usages médicaux de la cocaïne. Ces travaux lui permettent d'obtenir une bourse d'étude : en 1885, il suit à Paris les leçons de la sommité internationale en neurologie de l'époque : Jean Charcot.

C'est un tournant dans son existence : de retour à Vienne, il réoriente son activité vers le traitement des maladies nerveuses, comme l'hystérie. Il s'associe pour cela avec d'autres médecins et neurologues. Ensemble, ils explorent de nouvelles pistes de traitement pour les affections mentales : hypnose, thérapie par la parole, analyse des rêves, etc. Dans une situation matérielle précaire, Freud ouvre un cabinet médical privé et travaille dans un hôpital pédiatrique.

En 1900, il publie *La science des rêves* : c'est la date « officielle » de la naissance de la psychanalyse. Freud, en s'appuyant sur l'analyse de ses propres représentations oniriques, soutient que la vie psychique d'un sujet échappe largement à sa conscience et que les désirs fondamentaux sont de nature sexuelle. La période 1990-1920 marque, pour Freud, le début d'une notoriété internationale. Sa réputation draine vers son cabinet des membres de la haute société viennoise, ce qui améliore sensiblement sa situation matérielle. Il fédère autour de lui des neurologues, des intellectuels et des médecins de plus en plus nombreux. La psychanalyse crée ses propres sociétés savantes, ses revues, ses congrès. Elle devient une discipline à part entière ou même une secte, selon ses détracteurs.

Auteur prolifique, Freud publie des traités de psychologie

---

1. Naturaliste britannique (1809-1882) fondateur de la théorie de l'évolution des epèces.

théorique comme *Trois essais sur la théorie sexuelle* (1905) et *Métapsychologie* (1915) ainsi que des recueils d'analyses de cas comme *Cinq psychanalyses* (1909). Freud n'est pas philosophe de formation mais il publie des ouvrages à portée philosophique comme *Totem et tabou* (1913), *L'avenir d'une illusion* (1927) et *Malaise dans la civilisation* (1930). Il s'agit d' « applications non médicales de la psychanalyse » selon les mots de Freud.

Les dernières décennies de la vie de Freud confirment le succès international de la psychanalyse, largement au-delà des milieux médicaux. Freud lui-même ne se considère plus comme essentiellement médecin. Il écrit en 1926 :

> « *Après quarante et un an d'activité médicale, la connaissance que j'ai de moi-même me dit qu'au fond je n'ai jamais été un véritable médecin. Je suis devenu médecin par suite d'une déviation de mon dessein originel, qui ma été imposée, et le triomphe de ma vie consiste à avoir retrouvé, après un grand détour, l'orientation initiale*[1]. »

La dernière période de la vie de Freud est plus sombre. D'une part, ses compagnons de route et ses disciples se déchirent. Lui-même se brouille avec certains d'entre eux. D'autre part, Freud souffre d'un cancer qui entrave sa mobilité. Enfin, l'accession au pouvoir du parti national-socialiste place Freud, les psychanalystes et la psychologie au centre d'attaques redoublées, cette fois-ci politiques. Dès 1933, Hitler ordonne la destruction des ouvrages psychanalytiques. Et, en 1938, au moment où l'Allemagne annexe l'Autriche, Freud est contraint de s'exiler à Londres. Il y meurt l'année suivante.

Neurologue et médecin, fondateur le plus célèbre de la psychanalyse mais aussi écrivain, polémiste et essayiste, Freud est une figure intellectuelle aussi adulée que controversée, tout au long du XXe siècle. La place majeure qu'il accorde aux désirs inconscients dans le psychisme humain est pour beaucoup dans

---

1. *La question de l'analyse profane*, in *œuvres complètes*, PUF, Paris, 1994, volume XVIII, p. 81.

cette réputation à la fois mondiale et sulfureuse. Freud lui-même se considère comme investi d'une mission historique. Il se range aux côtés de Copernic, de Galilée et de Darwin :

> « *Dans le cours des siècles, la science a infligé à l'égoïsme naïf de l'humanité deux graves démentis. La première fois, ce fut lorsqu'elle a montré que la Terre, loin d'être le centre de l'univers, ne forme qu'une parcelle insignifiante du système cosmique... Le second démenti fut infligé à l'humanité par la recherche biologique, lorsqu'elle réduisit à rien les prétentions de l'homme à une place privilégiée dans l'ordre de la création, en établissant sa descendance dans le règne animal... Un troisième démenti sera infligé à la mégalomanie humaine par la recherche scientifique de nos jours qui se propose de montrer au moi qu'il n'est pas seulement maître dans sa maison, qu'il en est réduit à se contenter de renseignements rares et fragmentaires sur ce qui se passe, en dehors de la conscience, dans sa vie psychique*[1]. »

Les désirs, phénomènes sexuels inconscients

Par-delà les déclarations fracassantes de Freud et les critiques acerbes de ses adversaires, examinons les thèses majeures de la psychanalyse sur le désir. Par bien des aspects, elles sont explicitement révolutionnaires.

La 1ʳᵉ révolution psychanalytique : les désirs ne sont pas tous conscients

Freud entend rompre avec les philosophes rationalistes : la conscience ne peut ni connaître ni maîtriser tous les désirs. Admettre l'existence de désirs inconscients est indispensable

1. *Introduction à la psychanalyse*, Petite Bibliothèque Payot, Paris, 1962, p. 266.

pour comprendre le psychisme humain et pour guérir les hommes de leurs maladies psychiques :

> « *C'est de cette manière que la psychanalyse voudrait instruire le moi. Mais les deux clartés qu'elle nous apporte : savoir que la vie instinctive de la sexualité ne saurait être complètement domptée en nous et que les processus psychiques sont en eux-mêmes inconscients, et ne deviennent accessibles et subordonnés au moi que par une perception incomplète et incertaine équivalant à affirmer que le moi n'est pas maître dans sa propre maison*[1]. »

Le but premier de Freud n'est pas de proposer une philosophie des désirs. Son objectif primordial est thérapeutique : il entend soigner les êtres humains de leurs maux et de leurs souffrances. Par exemple, pour libérer ses patients de la dépression ou d'une agressivité incontrôlée, Freud entreprend de comprendre ce qui est à la racine de leurs actes. Pourquoi ne suis-je pas capable de réfréner ma tendance à médire de mes collègues ? Pourquoi ne puis-je prononcer un discours en public sans bégayer, comme Georges VI, roi d'Angleterre ?

À la source des comportements humains, il y a les désirs. Or, ces désirs ne sont pas contrôlables car ils ne sont pas toujours conscients. Par exemple, je ne suis pas toujours conscient de ce que je veux vraiment quand je me lève plusieurs fois par nuit pour vérifier que mes pots de fleurs sont bien à leur place. Les comportements aberrants, en apparence irrationnels, sont la manifestation du fait que la plupart de nos pulsions ne sont pas conscientes. Freud se situe aux antipodes de la conception classique selon laquelle les désirs sont des impulsions dont l'homme a une parfaite connaissance et donc, potentiellement, une bonne maîtrise.

---

1. *Essais de psychanalyse appliquée*, Gallimard, collection « Idées », 1933, p. 146.

Les rêves, révélations des désirs inconscients

Comment est-il possible de savoir, de façon consciente, que j'ai des désirs dont je n'ai pas conscience ? Soit je les connais et ils sont conscients. Soit ils sont inconscients et je ne peux pas connaître leur existence. Ce dilemme est levé par des cas limites, comme les rêves. Quand je rêve, je suis dans un état d'inconscience mais j'ai des représentations. Ma conscience ne contrôle plus les désirs et ceux-ci se manifestent sous forme d'images oniriques. Je peux rêver souvent que je suis capable de voler alors que, consciemment, il ne me vient même pas à l'esprit de désirer m'envoler. Par le biais du rêve, nous apercevons qu'il y a une vie psychique non consciente. Pour connaître l'inconscient, il faut ruser avec la censure de la conscience.

La 2ᵉ révolution psychanalytique : les désirs sont tous sexuels

Pour Freud, les désirs sont des pulsions fondamentalement sexuelles. Il est en rupture avec la conception traditionnelle du désir pour laquelle les désirs ont des objets de différents types : on peut désirer le pouvoir, la célébrité, la richesse, etc. Le désir sexuel ne semble être qu'un des cas de figure du désir.

Comment Freud peut-il nier ce qui paraît évident ? C'est qu'il récuse la conception courante de la sexualité :

« L'opinion populaire se forme certaines idées arrêtées sur la nature et les caractères de la pulsion sexuelle. Ainsi, il est convenu de dire que cette pulsion manque à l'enfance, qu'elle se constitue au moment de la puberté, et en rapports étroits avec les processus qui mènent à la maturité, qu'elle se manifeste sous forme d'une attraction irrésistible exercée sur l'un des sexes par l'autre, et que

son but serait l'union sexuelle. Nous avons toutes les raisons de croire que cette description ne rend que très imparfaitement compte de la réalité. Si on l'analyse de près, on découvre une foule d'erreurs, des inexactitudes et des jugements précipités[1]. »

Ce que vise un désir sexuel, ce n'est pas seulement le plaisir des organes génitaux. Le désir sexuel peut viser une satisfaction non sexuelle. Ce qui fait que tout désir est sexuel, c'est que le désir vise le plaisir. Le plaisir sexuel est la forme primordiale de plaisir dont tous les autres types de plaisir dérivent. Pour appuyer cette idée, Freud invoque ses études de cas. Il affirme à plusieurs reprises découvrir expérimentalement, au cours de cures psychanalytiques, la nature fondamentalement sexuelle des désirs :

« *Derrière les phénomènes de la névrose, ce n'étaient pas n'importe quels émois affectifs qui agissaient, mais régulièrement des émois de nature sexuelle, soit des conflits actuels sexuels, soit des contrecoups d'événements sexuels précoces[2].* »

Freud donne à la sexualité une signification plus large. La sexualité est l'ensemble des pulsions et des comportements qui visent, directement ou indirectement, un plaisir. Le désir est très souple dans ses modes de satisfaction. Il peut d'abord viser un plaisir des organes génitaux puis, selon les circonstances, se reporter sur des satisfactions d'autres types. Ainsi, par exemple, je peux désirer la richesse pour elle-même : il s'agit d'une forme plus complexe, plus détournée et socialement plus valorisée, de désir sexuel. Je peux aussi désirer des événements qui n'ont, en apparence, rien à voir avec le plaisir des organes génitaux. Comme de recevoir une fessée.

---

1. *Trois essais sur la sexualité*, 1905, traduction B. Reverchon-Jouve, Gallimard, 1962, p. 17-18.
2. *Ma vie et la psychanalyse*, Gallimard, collection « Idées », Paris, 1971, p. 31.

Jean-Jacques Rousseau et le plaisir de la fessée

La lecture de l'autobiographie de Rousseau, les *Confessions*, fournit à la psychanalyse de nombreuses illustrations. Par exemple, dans le premier livre des *Confessions*, Rousseau avoue qu'il aime recevoir des fessées de la part de ses partenaires féminines. C'est, pour lui, un substitut au plaisir sexuel. Il le découvre enfant quand la fessée destinée à le punir lui procure en fait du plaisir : « *Mon goût d'enfant, au lieu de s'évanouir, s'associa tellement à l'autre, que je ne pus jamais l'écarter des désirs allumés par mes sens, et cette folie, jointe à ma timidité naturelle, m'a toujours rendu très peu entreprenant près des femmes*[1]. » Un désir peut porter sur un objet apparemment non sexuel (la fessée) et être, au fond, sexuel.

De la pulsion sexuelle au désir agressif

Quand Freud affirme que tout désir est sexuel, il ne faut pas croire que l'amour, l'affection ou la tendresse sont les seuls ressorts de l'âme humaine :

> « *L'homme n'est point cet être débonnaire, au cœur assoiffé d'amour, dont on dit qu'il se défend quand on l'attaque, mais un être, au contraire, qui doit porter au compte de ses données instinctives, une bonne somme d'agressivité. Pour lui, par conséquent, le prochain n'est pas seulement un auxiliaire et un objet sexuel possibles, mais aussi un objet de tentation*[2]. »

Le désir de type sexuel peut chercher à se satisfaire aux dépens des autres hommes :

> « *L'homme est tenté de satisfaire son besoin d'agression aux dépens de son prochain, d'exploiter son travail sans*

---

1. Jean-Jacques Rousseau, *Les Confessions*, Gallimard, collection « Folio », Paris, 1973, livre I, p. 46, *cf* chapitre 7.
2. *Malaise dans la civilisation*, 1930, traduction de C. et J. Odier, PUF, Paris, p. 64.

dédommagements, de l'utiliser sexuellement sans son consentement, de s'approprier ses biens[1]... »

Le désir fondamental de l'homme peut revêtir de multiples formes et porter sur de nombreux aspects. Pour Freud, le désir humain fondamental est la recherche du plaisir à tout prix. Laissé à lui-même, le désir sexuel inconscient peut induire des comportements proches de la folie.

La puissance folle des désirs

Dans *M le maudit* (1931), le cinéaste allemand Fritz Lang met en scène un assassin d'enfants repoussant et lâche. Celui-ci, malgré sa peur constante et malgré le dégoût que lui inspirent ses propres actes, prend de plus en plus de risques pour parvenir à sa satisfaction : le meurtre d'enfants. Il est pris dans une spirale délirante dont il dit lui-même qu'elle dépasse son entendement et sa volonté. Il incarne l'homme esclave de désirs qui le submergent et le portent à nuire aux autres malgré lui.

Les désirs aveugles et sourds à la réalité

Pour Freud, les désirs sont d'autant plus puissants qu'ils ont leur propre logique. Ils échappent à la maîtrise de la conscience et ils ne sont pas assujettis aux règles logiques ou matérielles de la réalité. Par exemple, le désir peut être contradictoire avec lui-même sans jamais choisir : dans la relation amoureuse, je peux vouloir à la fois dominer l'autre et en être aimé comme par un égal. Autre exemple, le désir ne tient pas compte non plus de l'évolution des circonstances et du temps : au travail, je peux continuer à désirer des augmentations de salaire non seulement en début de carrière mais même quand je suis parvenu au plus haut de la hiérarchie.

Les désirs ont une logique aveugle et sourde à la réalité. Pour Freud, ils sont mus par le « principe de plaisir » et non pas par le « principe de réalité » :

---

1. *Ibidem.*

« *Résumons-nous : absence de contradiction, processus primaire (mobilité des investissements), intemporalité et substitution à la réalité extérieure de la réalité psychique, tels sont les caractères que nous devons nous attendre à trouver aux processus appartenant au système inconscient*[1]. »

Le principe de réalité est celui qui régit la conscience : quand je désire consciemment reprendre du cassoulet alors que je n'ai plus faim, je mesure les conséquences, j'entrevois les effets négatifs, je les compare aux effets positifs, etc. Obéir au principe de réalité ce peut être réguler ses désirs en fonction des besoins réels. Le principe de plaisir, lui, est la recherche de la satisfaction à tout prix, sous toutes ses formes et quelles que soient les circonstances.

Les absurdités du désir de gloire

D'un point de vue rationnel, bien des désirs semblent souvent absurdes. Le héros de Corneille, Horace, cherche à tout prix à s'illustrer en se mettant au service de sa patrie, Rome[2]. Il est chargé de tuer des ennemis de Rome, y compris le fiancé de sa propre sœur Camille. Mais quand Camille condamne ses actions, il n'hésite pas à la tuer, au risque de ternir sa réputation. Le désir de gloire manifeste ici ses contradictions[3] : la soif de renommée n'hésite pas à risquer de se saborder elle-même dans sa fureur.

C'est que le désir ne se préoccupe pas d'être cohérent : le désir de gloire d'Horace veut à la fois la gloire publique et l'estime de sa sœur, alors qu'elles sont incompatibles. Le désir veut tout, même ce qui ne peut pas aller ensemble.

---

1. *Métapsychologie*, 1915, traduction de J. Laplanche et J.-B. Pontalis, Gallimard, 1968, p. 96.
2. Pour une analyse stoïcienne de cet exemple célèbre *cf.* chapitre 3.
3. Pierre Corneille, *Horace*, Acte IV, scène 5.

Les avanies du désir :
du refoulement à la frustration

Le désir selon Freud est extrêmement puissant : il échappe au contrôle de la conscience, il détermine le comportement des hommes à leur insu et il obéit à sa propre logique aveugle. Mais le désir n'est pas omnipotent. Il est en effet bien souvent contrarié.

Le refoulement, mécanisme régulateur des désirs

La première source de contrariété pour les désirs, c'est la personne désirante elle-même. Laissés à eux-mêmes, les désirs entrent en rivalité les uns avec les autres : par exemple, si je désire constamment de la nourriture et si je désire courir rapidement, je suis pris dans un conflit entre deux désirs incompatibles. Les désirs se heurtent également aux convictions de la personne : par exemple, mon désir invétéré de richesses peut entrer en conflit avec ma conviction selon laquelle une répartition équitable des biens matériels est préférable.

Le désir selon Freud est loin de couler une existence paisible à l'abri du regard de la conscience. Il a bien des ennemis à l'intérieur même de la personne : autres désirs, convictions morales, etc. En conséquence, il est bien souvent chassé hors du champ de la conscience. C'est ce processus que Freud appelle le refoulement :

> « *Dans tous les cas observés, on constate qu'un désir violent a été ressenti, qui s'est trouvé en complète opposition avec les autres désirs de l'individu, inconciliable avec les aspirations morales et esthétiques de la personne. Un bref conflit s'en est suivi ; à l'issue de ce combat intérieur, le désir inconciliable est devenu l'objet du refoulement, il a été chassé hors de la conscience et oublié[1]. *»

Le refoulement n'est pas une censure oppressive et négative. C'est un instrument nécessaire pour préserver l'équilibre de la vie psychique de la personne. Grâce au refoulement, le sujet désirant

---

1. *Cinq leçons sur la psychanalyse*, Petite Bibliothèque Payot, Paris, 1962, p. 26.

impose à certains de ses désirs de rester insatisfaits. Le principal mécanisme de régulation des désirs n'est donc pas, comme le soutiennent les moralistes classiques, le fait de la raison mais le fait de l'inconscient : il se censure lui-même.

Jiminy Cricket et la voix de la conscience

Le refoulement est, pour Freud, un processus inconscient. Le but du refoulement est d'empêcher un désir de devenir conscient. Tout autre est le mécanisme de la répression consciente du désir. Quand Pinocchio écoute sa conscience, Jiminy Cricket, dans le film d'animation de Walt Disney (1941), et refuse de commettre un vol, il ne refoule pas ses désirs : il les contrôle consciemment. La voix de la conscience est bien différente du refoulement : ce dernier est un réflexe de survie.

Les dangers de la frustration

Le refoulement est absolument nécessaire : il permet à l'homme de ne pas céder sous le poids de ses désirs multiples et contradictoires. Une vie sans refoulement est impossible. Pourrais-je survivre longtemps si je donnais libre cours à tous mes désirs de nourriture et de boisson ? Le refoulement n'est pas une censure oppressive que Freud critique. C'est un mécanisme régulateur indispensable à l'équilibre psychique de l'homme.

Toutefois, au cours des traitements qu'il donne à ses patients, Freud mesure les conséquences négatives des frustrations que cause le refoulement. Le désir refoulé ne s'avoue jamais vaincu. Il cherche toujours à prendre sa revanche :

> « Le désir refoulé continue à subsister dans l'inconscient ; il guette une occasion de se manifester et il réapparaît bientôt à la lumière, mais sous un déguisement qui le rend méconnaissable[1]. »

---

1. *Ibidem*, p. 50.

Le refoulement et la frustration sont indispensables, mais ils présentent des risques importants. Un désir refoulé cherche à revenir, à s'imposer et à se satisfaire à tout prix. C'est ce que Freud appelle « le retour du refoulé ». Ce retour est d'autant plus dangereux que, pour revenir, le désir se travestit : il cherche à se donner une autre forme. Par exemple, si je suis profondément chrétien, je peux refouler le désir de gloire parce que je crois fermement que l'humilité est une vertu. Mais mon désir n'est pas mort : il peut revenir sous une autre forme. Il peut prendre une forme paradoxale et inattendue : le désir de sainteté. Je m'astreins alors aux tâches les plus obscures (laver le linge des malades, soigner les indigents) pour gagner une renommée de saint. Le désir extrême d'humilité peut être alors un déguisement du péché d'orgueil.

Le désir et les portiers des boîtes de nuit

Freud compare souvent le désir à un individu qui cherche à s'immiscer dans une fête où il n'est pas convié. Il est éconduit bien des fois par le portier parce qu'il troublerait les réjouissances. Tout le danger du désir est qu'il peut se travestir pour passer la porte et entrer.

Freud n'est ni un avocat ni un censeur des désirs. Il constate, au travers de cas de maladies nerveuses et mentales, que la répression ou la satisfaction systématique des désirs peut déstabiliser un individu. Soit l'individu satisfait tous ses désirs et sa vie est constamment bouleversée. Soit l'individu satisfait peu de désirs et sa vie est troublée par les manifestations déguisées que le désir prend pour se satisfaire, malgré tout.

Apprivoiser ses désirs

Face à la puissance perpétuellement renaissante des désirs inconscients et refoulés, les hommes peuvent adopter plusieurs stratégies afin que ces désirs ne déstabilisent pas leur existence.

Soigner les conséquences des désirs refoulés : la thérapie psychanalytique

Freud crée la psychanalyse précisément pour soigner les hommes des conséquences néfastes des désirs non assouvis. Le but de la psychanalyse est de remédier aux situations de blocage des désirs :

« L'analyse n'annihile pas le résultat du refoulement ; les pulsions en leur temps réprimées demeurent réprimées. Mais l'analyse obtient ses succès par un autre moyen : elle remplace le refoulement, qui est un processus automatique et excessif, par une maîtrise tempérée et appropriée des pulsions exercées à l'aide des plus hautes instances psychiques ; en un mot, elle remplace le refoulement par la condamnation[1]. »

La cure psychanalytique freudienne consiste à prendre progressivement conscience des désirs dont le refoulement cause des troubles. Par exemple, si j'ai un désir maniaque de propreté, il est possible que j'évite tout contact physique avec autrui. Cela perturbe gravement mon existence. Dans la cure psychanalytique, j'exprime mes états de conscience ou de demi-conscience et je prends progressivement la mesure de ce qui me détermine à avoir un comportement aberrant, ridicule ou négatif. Je me souviens par exemple que j'étais perpétuellement touché durant mon enfance et je mesure les aberrations de mon comportement d'évitement de tout contact.

La cure psychanalytique utilise les pouvoirs du langage. Le langage a le pouvoir de révéler ce qui n'est pas conscient. Par exemple, en décrivant un rêve ou un souvenir d'enfance, je prends conscience de son contenu réel. Le langage a un deuxième pouvoir : c'est celui de neutraliser la force du désir. Le langage dénude le désir refoulé et jette à terre tous ses déguisements. Selon Freud, cela ôte sa force au désir.

---

1. *Cinq psychanalyses*, p. 196.

Gregory Peck face à son passé

Dans le film *La maison du docteur Edwardes* (1945), Alfred Hitchcock met en scène une cure psychanalytique. Un amnésique, incarné par Gregory Peck, devient extrêmement agressif dès qu'on trace des lignes sur une surface blanche. Dans un dîner, quand sa voisine dessine une forme avec sa fourchette sur la nappe, il s'emporte et s'évanouit.

Tout le film consiste à rechercher les causes de ce comportement. Aidé de son psychanalyste, le personnage analyse ses rêves. Hitchcock les représente grâce à des décors de Salvador Dali. Gregory Peck découvre d'abord que ces lignes lui rappellent les circonstances d'un meurtre commis sur une piste de ski, meurtre dont il se croit coupable. Grâce à la cure psychanalytique, il peut voir qu'il n'a pas commis le meurtre en question. Il fait alors une deuxième découverte. S'il se sent coupable, c'est que les circonstances de l'assassinat lui rappellent un malheur d'enfance : en dévalant une rampe d'escalier blanche, le personnage de Gregory Peck avait accidentellement tué son propre frère. D'où un sentiment de culpabilité tournant à l'agressivité meurtrière. Dans des décors réalisés par Salvador Dali, Alfred Hitchcock met en scène l'inconscient et la cure psychanalytique.

Les arts et les sciences : sublimer ses désirs

La cure psychanalytique est le moyen de réduire l'impact des perturbations créées par certains désirs. Mais l'individu peut aller plus loin. Il peut réorienter ses désirs dans un sens positif ou du moins socialement valorisé. C'est ce que font, selon Freud, les artistes et les scientifiques : ils convertissent leurs désirs sexuels primaires en désirs de beauté et de vérité. Ce processus est ce que Freud appelle la « sublimation ». Le terme est choisi pour souligner que le désir corporel basique est orienté vers un objet plus élevé, sublime. La sublimation est le processus qui rend compte d'activités humaines apparemment sans rapport avec la sexualité mais qui trouvent leurs ressorts dans la force de la pulsion sexuelle. L'activité artistique et l'activité intellectuelle donnent un dérivatif à la pulsion sexuelle :

> « *Le travail créateur d'un artiste est en même temps une dérivation de ses désirs sexuels*[1]. »

Plusieurs artistes acceptent volontiers cette perspective sur leur activité.

Rousseau et l'écriture de *La nouvelle Héloïse*[2]

Le philosophe et romancier Rousseau est l'auteur d'un des *best-sellers* du xviiie siècle : *Julie ou la nouvelle Héloïse*. Il s'agit d'un roman d'amour par lettres. Pour Rousseau, l'écriture de *Julie ou la nouvelle Héloïse* est un substitut à la satisfaction de son amour pour une personne réelle, Mme d'Houdetot, qu'il ne parvient pas à séduire. En décrivant les amours de Julie avec son professeur de musique, Rousseau, qui lui-même avait été professeur de musique, se donne une substitution de satisfaction.

Le désir n'est pas une réalité immuable qu'il s'agit d'accepter ou de guérir. Comme l'homme ne peut pas satisfaire tous ses désirs, il trouve des substituts. Les personnes qui soufrent de névroses (les névropathes) et les artistes cherchent des moyens biaisés pour satisfaire les désirs qu'ils ne peuvent assouvir :

> « *L'artiste, comme le névropathe, s'était retiré loin de la réalité insatisfaisante dans ce monde imaginaire*[3]. »

Les névroses, les rêves sont des moyens imaginaires et non rationnels de satisfaire les désirs que la réalité et l'ordre social

---

1. *Un souvenir d'enfance de Léonard de Vinci*, 1927, Gallimard, collection « Idées », 1977, p. 143.
2. *Cf.* chapitre 7.
3. *Ma vie et la psychanalyse*, 1925, traduction de Marie Bonaparte, Gallimard, 1968, p. 1925.

rendent impossibles. Si je rêve que je vole, c'est parce qu'un de mes désirs est frustré : si le vol est le symbole de la liberté, je rêve que je suis libre. L'œuvre d'art procède de cette même façon de satisfaire ses désirs de façon imaginaire. L'artiste est, de cette façon, en partie semblable aux névropathes :

> *« Ses créations, les œuvres d'art, étaient des satisfactions imaginaires de désirs inconscients, tout comme les rêves avec lesquels elles avaient d'ailleurs en commun d'être un compromis, car elles aussi devaient éviter le conflit à découvert avec les puissances de refoulement[1]. »*

Toutefois, l'art est une façon de satisfaire ses désirs, différente du rêve. L'art est une façon de satisfaire ses désirs qui attire les louanges des hommes :

> *« Mais, à l'inverse des productions asociales narcissiques du rêve, elle pouvaient compter sur la sympathie des autres hommes, étant capables d'éveiller et de satisfaire chez eux les mêmes inconscientes aspirations du désir[2]. »*

Non seulement l'œuvre d'art, à la différence du désir égoïste, est compatible avec l'ordre social. Mais en outre il aide les autres hommes. Les œuvres d'art sont un des moyens dont les hommes disposent pour se défaire des effets négatifs des désirs.

La raison de la sublimation, c'est que le désir ne peut pas se satisfaire sans réprobation sociale. Le désir invente une autre façon de se satisfaire. Le désir change de forme pour ne pas encourir de critiques ou d'interdictions.

Le sourire de la Joconde et le démon de midi

L'exemple le plus célèbre de sublimation détectée par les psychanalystes est celui de Léonard de Vinci. Freud lui consacre une étude entière en 1927 : *Un souvenir d'enfance de Léonard de Vinci*. Le psychanalyste

---

1. *Ibidem.*
2. *Ibidem.*

viennois explique les premières œuvres de l'artiste italien par ses émois sexuels. Et les grandes œuvres de la maturité sont expliquées par le démon de midi qui saisit l'homme à la cinquantaine : « *Parvenu à l'apogée de sa vie, à la cinquantaine, à cet âge où, chez l'homme, la libido tente souvent encore une poussée énergique, Léonard subit une nouvelle évolution. Des couches encore plus profondes de son âme se raniment ; mais cette régression nouvelle favorise son art, qui était en train de dépérir. Il rencontre la femme qui réveille en lui le souvenir du sourire heureux et sensuellement extasié de sa mère (...). Il peint la Joconde, la sainte Anne et cette série de tableaux caractérisés par l'énigme de leur sourire*[1]. » Le sourire de la Joconde serait le produit génial d'un démon de midi maîtrisé et sublimé par Léonard.

Dépasser l'illusion collective : l'exemple de la religion

La cure psychanalytique, la création artistique, la réussite professionnelle ou encore la recherche scientifique sont des démarches personnelles. Grâce à elles, l'individu remédie aux effets déstabilisants des désirs, de leur refoulement et de leur frustration. Mais Freud considère également qu'il est possible et nécessaire de surmonter collectivement les effets négatifs du désir.

C'est qu'il existe des désirs dans l'inconscient collectif. Pour Freud, le phénomène religieux procède d'un désir inconscient qui traverse l'histoire de l'humanité :

« *Les croyances religieuses [...], qui professent d'être des dogmes (...) sont des illusions, la réalisation des désirs les plus anciens, les plus forts, les plus pressants de l'humanité ; le secret de leur force est la force de ces désirs*[2]. »

Le phénomène religieux lui aussi s'explique par l'histoire d'un

1. *Un souvenir d'enfance de Léonard de Vinci*, 1927, Gallimard, collection « Idées », 1977, p. 143.
2. *L'avenir d'une illusion*, 1927, traduction Marie Bonaparte, PUF, Paris, 1971, p. 46.

désir fondamental, le désir de protection de l'enfant par le père :

> « *L'impression terrifiante de la détresse infantile avait éveillé le besoin d'être protégé – protégé en étant aimé – besoin auquel le père a satisfait ; la reconnaissance du fait que ce désir dure toute la vie a fait que l'homme s'est cramponné à un père, cette fois plus puissant*[1]... »

C'est l'humanité entière qui a le désir d'être protégée par une instance supérieure et rassurante. Le désir ne cesse jamais. Il se transforme en passant du stade infantile individuel au stade adulte collectif. La protection du père individuelle est recherchée dans des figures paternelles maximales : Dieu.

Dieu le père, un vieillard barbu et musculeux ?

Le désir infantile d'être protégé par une puissance supérieure s'exprime, d'un point de vue psychanalytique, dans l'iconographie qui entoure la divinité dans la religion chrétienne. Figurer Dieu en homme mûr et même âgé, doté d'une puissante musculature et d'une barbe, comme le Dieu de la chapelle Sixtine peint par Michel-Ange, c'est le parer de tous les attributs traditionnels du pouvoir, de la sagesse, de la justice. C'est une image rassurante.

Freud démythifie la religion en la rattachant à un désir infantile qui s'est transformé en se parant d'illusions. Obsédé par la recherche de protection, le désir a refusé de voir l'absence de preuve de l'existence de Dieu et n'a suivi que son mouvement propre. Il s'est littéralement bercé d'illusions pour se rassurer :

> « *Ce qui caractérise l'illusion, c'est d'être dérivée des désirs humains ; elle se rapproche par là de l'idée délirante en psychiatrie. (...) L'idée délirante est essentiellement en contradiction avec la réalité*[2]. »

---

1. *Ibidem.*
2. *Ibidem.*

Les croyances religieuses seraient issues de délires de l'imagination où le désir trouve une façon de se satisfaire. Par exemple, la croyance dans l'âme répond au désir de survie après la mort. La religion est, selon Freud, un tissu de croyances illusoires rassurantes :

> « *Nous appelons illusion une croyance quand, dans la motivation de celle-ci, la réalisation d'un désir est prévalente, et nous ne tenons pas compte, en ce faisant, des rapports de cette croyance avec la réalité, tout comme l'illusion elle-même renonce à être confirmée par le réel[1].* »

Pour Freud, le désir de protection à l'origine de la religion peut être éduqué. On peut grandir et l'abandonner. Il est possible de dépasser les désirs de l'enfance :

> « *Le stade de l'infantilisme n'est-il pas destiné à être dépassé ? L'homme ne peut pas éternellement demeurer un enfant, il lui faut enfin s'aventurer dans l'univers hostile. On peut appeler cela l'éducation en vue de la réalité ; ai-je besoin de vous dire que mon unique dessein, en écrivant cette étude, est d'attirer l'attention sur la nécessité qui s'impose de réaliser ce progrès[2] ?* »

De façon plus large, Freud considère que l'homme individuel et les hommes collectivement peuvent, grâce à la connaissance, surmonter leurs peurs, neutraliser les forces déstabilisantes des désirs et prendre conscience des conséquences négatives de leurs pulsions. Révolutionnaire dans sa conception du désir, Freud retrouve pourtant l'idée relativement classique d'un apaisement des désirs grâce à la connaissance.

---

1. *Ibidem.*
2. *Ibidem.*

Pour finir...

Freud introduit des ruptures importantes dans la conception des désirs : ceux-ci sont des pulsions essentiellement sexuelles, dangereusement puissantes et majoritairement inconscientes. Freud considère le désir non pas comme un phénomène circonscrit mais comme une donnée fondamentale de la réalité humaine.

Freud innove également dans les moyens de maîtriser les effets négatifs des désirs : il invente la cure psychanalytique. Grâce au langage, il est possible, non pas de supprimer les désirs, mais de neutraliser les plus déstabilisants. Reste que la maîtrise des désirs grâce à la connaissance, à la conscience, à l'art et au travail intellectuel n'est pas un idéal propre à la psychanalyse.

La psychanalyse freudienne a une place centrale dans les débats intellectuels sur le désir. Les thèses de Freud sur le désir sont si importantes que les penseurs du xxᵉ siècle abordent bien souvent la question du désir dans des termes psychanalytiques.

9/ Sartre

ou la liberté
face aux désirs

Pour commencer...

Jean-Paul Sartre naît à Paris en 1905 dans une famille de la bourgeoisie cultivée. Son enfance, qu'il retrace dans un texte autobiographique publié en 1964, *Les mots*, est marquée par son amour pour sa mère, jeune veuve de guerre. Dès le plus jeune âge, Sartre nourrit un appétit robuste pour les livres. Après des études classiques, il entre à l'École normale supérieure puis est reçu à l'agrégation de philosophie. Il effectue un séjour d'études à Berlin au début des années 1930 puis commence, à contrecœur, une carrière de professeur de philosophie au lycée du Havre. La fin des années 1930 constitue un tournant dans la vie de Sartre. En 1938, il publie un roman, *La nausée*, qui lui confère une certaine notoriété. Mobilisé en 1939, il est fait prisonnier et est détenu en Allemagne. C'est le moment où il décide de se consacrer à la philosophie. Il écrit alors :

> « *Je n'essaie pas de protéger ma vie après coup par ma philosophie, ce qui est salaud, ni de conformer ma vie à ma philosophie, ce qui est pédantesque, mais vraiment, vie et philosophie ne font plus qu'un*[1]. »

De retour à Paris, il développe une intense activité littéraire, journalistique et philosophique. Il entre également, en 1941, dans le réseau de résistance animé par Albert Camus. C'est pendant la guerre, sous l'occupation allemande, qu'il prend place sur le devant de la scène intellectuelle et littéraire française. Ses pièces de théâtre *Les Mouches* (1943) et *Huis clos* (1944) sont montées par les plus grands théâtres parisiens. Elles sont saluées tout à la fois comme des chefs-d'œuvre dramaturgiques et comme des textes philosophiques. Son traité de philosophie, *L'Être et le Néant*, publié en 1943, lui donne une place parmi les grands philosophes du XXe siècle.

En 1945, Sartre acquiert rapidement une dimension publique internationale. Il se fait connaître comme le chef de file

---

1. *Carnets de la drôle de guerre.*

du mouvement existentialiste qui affirme l'absolue liberté de l'homme. Sa célèbre conférence *L'existentialisme est un humanisme*, prononcée en 1945, a un retentissement dans tous les pays occidentaux. La même année, Sartre fonde une revue, *Les temps modernes*, qui joue un rôle déterminant dans le débat public français et international pour les décennies qui suivent. Séduit par les idéaux communistes, résolument positionné à l'extrême gauche, Sartre s'engage dans de nombreux combats politiques : il soutient partout dans le monde les guerres anticoloniales et les mouvements anticapitalistes. En France, il critique « les régimes bourgeois » successifs. Ses luttes politiques sont aussi célèbres que critiquées : il soutient les insurgés algériens, la révolution cubaine, la cause palestinienne, le parti communiste vietnamien en lutte contre la France puis contre les États-Unis, les mouvements de mai 1968, etc.

Ses partisans louent son engagement en faveur de la liberté. Ses détracteurs vilipendent son attitude considérée comme ambiguë vis-à-vis des régimes communistes. En 1964, le prix Nobel de littérature lui est décerné. Il le refuse, comme toutes les distinctions honorifiques, au nom de son indépendance. Durant les années 1970, son activité d'écrivain et d'essayiste ne faiblit pas bien qu'il devienne progressivement aveugle. Il s'engage en faveur des victimes des États communistes, notamment les dissidents soviétiques et les réfugiés des États. Il meurt à Paris en 1980.

Personnage public et écrivain protéiforme, acteur politique et essayiste polygraphe, Sartre est, pour beaucoup, la figure de la liberté, de ses risques et de son honneur.

La liberté humaine maîtresse des désirs

L'homme, c'est la liberté

L'idée fondamentale de la philosophie de Sartre est que l'homme est toujours libre. Certes, de nombreuses déterminations pèsent sur la liberté humaine : mes choix de vie sont en partie influencés par ma nationalité, ma culture, ma classe sociale, etc. Toutefois, ces déterminations ne sont contraignantes que si je le veux bien. Fils d'ouvrier, si je deviens ouvrier et non pas médecin, c'est que je le choisis, quelles que soient les circonstances. Fille de bourgeois, je peux choisir de devenir communiste. La liberté de l'homme est absolue : on peut choisir à chaque instant une autre vie, une autre conviction, une autre personnalité, etc. Pour Sartre, les désirs aussi doivent être envisagés principalement sous l'angle de la liberté.

La destinée des Corleone, un mythe familial

Dans le film *Le parrain* (1972), Francis Ford Coppola met en scène une famille américaine récemment installée aux États-Unis, les Corleone. Son patriarche, Don Vito personnifié par Marlon Brandon à l'écran, est un des chefs de la mafia de la côte Est. Quand la mort approche, il n'a pas à chercher son successeur : tous considèrent son fils aîné, Santino, comme son successeur naturel. Seulement, Santino est assassiné par une bande rivale. De sorte que le rôle de chef de la mafia incombe, suivant la destinée des Corleone, au cadet, Michael, incarné par Al Pacino. Or, celui-ci essaie de s'arracher au monde du crime organisé. Mais il est, apparemment, rattrapé par le destin familial, la force des déterminations sociales et les désirs de ses amis. Il cède et accepte de devenir le chef de la mafia.

Pour Sartre, le destin n'existe pas. Chacun de nous est libre de ne pas accepter ce qu'on lui présente comme une fatalité. Les fils Corleone n'ont pas de destinée. C'est un mythe familial. Si Michael Corleone désirait véritablement une autre vie que celle de chef de gang, il la choisirait.

L'homme n'est pas un coupe-papier

La liberté humaine est au principe du courant fondé par Sartre : l'existentialisme. Il ne s'agit pas d'une école structurée comme celle de Platon, d'Épicure ou de Freud. Il s'agit d'un courant hétérogène de personnes qui se reconnaissent dans une thèse fondamentale : « l'existence précède l'essence ». Que signifie cette formule technique ? Pour Sartre, cette maxime met en évidence la spécificité humaine. L'homme est libre parce qu'il est fondamentalement différent d'une chose :

> « *Lorsqu'on considère un objet fabriqué, comme par exemple un livre ou un coupe-papier, cet objet a été fabriqué par un artisan qui s'est inspiré d'un concept : il s'est référé au concept de coupe-papier, et également à une technique de production préalable qui fait partie du concept, et qui est au fond une recette. Ainsi, le coupe-papier est à la fois un objet qui est produit d'une certaine manière et qui, d'autre part, a une utilité définie ; et on ne peut pas supposer un homme qui produirait un coupe-papier sans savoir à quoi l'objet va servir. Nous dirons donc que, pour le coupe-papier, l'essence – c'est-à-dire l'ensemble des recettes et des qualités qui permettent de le produire et de le définir – précède l'existence[1]. »*

Plusieurs philosophes considèrent que l'homme est comme un coupe-papier. Dieu aurait fixé l'essence de l'homme avant de le créer de la même façon qu'un coupe-papier est imaginé par un artisan. L'homme serait ainsi un animal doté de raison, un être à l'image de Dieu, ou encore un composé de corps et d'esprit[2].

Au contraire, pour Sartre, il n'y a pas de Dieu créateur. L'existentialisme est athée. L'essence de l'homme n'est pas fixée avant sa naissance. L'essence de l'homme est construite, élaborée et déterminée par l'homme lui-même. Alors que la nature des objets fabriqués est antérieure à leur production (l'essence précède l'existence), la nature de l'homme est postérieure à sa venue au monde (l'existence précède l'essence) :

---

1. *L'existentialisme est un humanisme*, édition Nagel, Paris, 1976, p. 17.
2. *Cf.* chapitres 4 et 5.

« *Qu'est-ce que signifie ici que l'existence précède l'essence ? Cela signifie que l'homme existe d'abord, se rencontre, surgit dans le monde, et qu'il se définit après. (...) Ainsi, il n'y a pas de nature humaine, puisqu'il n'y a pas de Dieu pour la concevoir. L'homme est non seulement tel qu'il se conçoit mais tel qu'il se veut. (...) L'homme n'est rien d'autre que ce qu'il se fait[1].* »

Désirs, prétextes et autres excuses

Face à la liberté absolue des hommes, les désirs ont bien peu de force réelle, selon Sartre. Pour lui, le désir n'a pas la puissance de déterminer la vie d'un homme. Par exemple, celui qui mange constamment et invoque sa faim insatiable ne fait que chercher une excuse. Celui qui invoque sa passion de l'art cherche un prétexte pour ne pas s'engager politiquement :

« *L'existentialiste ne croit pas à la puissance de la passion, il ne pensera jamais qu'une belle passion est un torrent dévastateur qui conduit fatalement l'homme à certains actes, et qui, par conséquent, est une excuse. Il pense que l'homme est responsable de sa passion[2].* »

Ainsi, les héros de tragédie qui invoquent la passion amoureuse comme raison de leurs actes, de leurs turpitudes ou de leurs crimes inventent une cause extérieure à leurs comportements pour se déresponsabiliser. À la limite, pour Sartre, on est toujours libre de désirer ou de ne pas désirer :

« *Si nous avons défini la situation de l'homme comme un choix libre, sans excuses et sans secours, tout homme qui se réfugie derrière l'excuse de ses passions, tout homme qui invente un déterminisme est un homme de mauvaise foi[3].* »

---

1. *L'existentialisme est un humanisme*, édition Nagel, Paris, 1976, p. 24.
2. *Ibidem*, p. 40
3. *Ibidem*, p. 68.

Par exemple, je pourrais tout à fait, même dans une société de consommation, choisir de ne pas désirer des biens matériels. Mon désir n'a pas à être combattu, maîtrisé ou éduqué car il est toujours en mon pouvoir. Je ne suis pas obligé d'acheter une console de jeux vidéo, malgré la pression sociale, les campagnes publicitaires et les demandes de mes enfants.

Les mains sales de Sartre et *Le cocu imaginaire* de Molière

Dans sa pièce *Les mains sales*, Sartre met en scène un jeune bourgeois ayant rejoint la résistance et le parti communiste : Hugo. Celui-ci reçoit du parti la mission d'assassiner un responsable du parti soupçonné de trahison, Hoederer. Pour l'approcher et passer outre les gardes du corps de Hoederer, Hugo doit devenir son secrétaire particulier. Il parvient à se faire engager et s'installe avec sa propre épouse dans la maison de Hoederer.

Avec le temps, Hugo s'attache à Hoederer. Il lui devient impossible de le tuer. Seulement, l'épouse d'Hugo s'éprend de Hoederer. Hugo saisit ce prétexte et s'invente, littéralement, un désir de vengeance qui l'aidera à remplir sa mission. Il s'invente jaloux pour attribuer à son acte libre un motif impérieux et irrésistible. C'est un jaloux imaginaire, un « cocu » imaginaire comme dans la pièce de Molière.

Pour Sartre, Hugo est le type même du personnage qui ne croit pas à sa propre liberté : il pourrait aussi bien décider de tuer Hoederer comme choisir de l'épargner. Mais Hugo s'invente constamment des désirs pour éviter de faire explicitement des choix.

Le vertige de la liberté

Si les hommes sont toujours en position de choisir leurs désirs, pourquoi ne suppriment-ils pas tous ceux qui les gênent ? Les désirs sont pourtant des sources de douleur car ils sont difficiles à satisfaire. Pourquoi donc chercher des prétextes et des excuses ? La réponse de Sartre est aussi implacable que son principe de liberté absolue. Les hommes s'inventent des désirs et les imaginent comme des forces insurmontables parce qu'ils ont peur de leur liberté absolue. C'est ce que Sartre appelle « le vertige de la liberté ». Par exemple, je m'invente le désir d'écrire des livres pour me cloîtrer des soirées entières chez moi et ne pas affronter la médiocrité de mon existence. S'inventer des désirs, trouver des prétextes pour ne pas choisir et se forger des excuses pour ne pas exercer sa liberté, tout cela, Sartre l'appelle « la mauvaise foi ». Quand je prétends que je suis un Mozart contrarié et que les circonstances m'ont contraint à devenir expert-comptable plutôt que compositeur, je suis de mauvaise foi. J'aurais pu faire un choix différent. Ma mauvaise foi vient de l'angoisse que suscite la liberté.

L'angoisse des vacances et le vertige de la liberté

On peut faire l'expérience du vertige de la liberté au moment où arrivent les congés. Certains les organisent méticuleusement et s'inventent des emplois du temps de vacances plus chargés que des journées de travail. Certains ne sont pas aussi prévoyants et sont plongés dans l'apathie, voire la déprime : que faire de tout ce temps libre ? Les frénétiques organisateurs de vacances comme les imprévoyants déprimés éprouvent la même peur devant le temps libre. C'est une figure modeste mais éloquente du vertige de la liberté.

Pour dissiper ce vertige, nous nous inventons de nouvelles nécessités : les désirs. Eux aussi sont issus de notre mauvaise foi. Sartre s'oppose profondément à Freud : les désirs sont nécessairement conscients puisqu'ils sont choisis.

> « *Le désir n'arrive donc point à la conscience comme la chaleur arrive au morceau de fer que j'approche de la flamme. La conscience se choisit désir*[1]. »

---

1. *L'être et le néant*, Gallimard, collection « TEL », Paris, 1945, p. 441.

L'existentialisme de Sartre refuse de considérer que les désirs humains sont comme les produits de la nécessité. Sartre s'oppose à l'idée de Spinoza selon laquelle les désirs sont comme des phénomènes naturels : les désirs n'arrivent pas à l'homme comme les feuilles de chêne jaunissent une fois l'automne venu. Sartre s'oppose aussi à l'idée épicurienne selon laquelle l'aspiration au plaisir est une tendance universelle. La soif de plaisir n'est pas aussi inéluctable que la rotation de la Terre autour du Soleil. La vie de l'homme n'est pas un phénomène naturel car l'homme n'est pas une chose. C'est un être à part. L'existentialisme est une théorie à part car c'est :

> « (...) la seule à donner à l'homme, c'est la seule qui n'en fasse pas un objet[1]. »

Toutes les métaphores classiques qui décrivent l'homme comme « ballotté », « guidé », « tiraillé », etc. par les désirs ne font qu'attribuer à l'homme le statut d'une chose. L'homme n'est pas un bouchon de liège emporté par le courant des désirs : il est la source de ce courant.

La griserie du désir libre

Pour Sartre, la plupart des hommes ont peur de leur liberté à l'égard des désirs. D'autres, plus exceptionnels, sont si conscients de leur liberté qu'ils choisissent de la manifester par tous les moyens. Par exemple, ils changent constamment de désir pour prouver leur maîtrise de leurs pulsions. Ainsi, dans la pièce *Le diable et le bon Dieu*, Goetz, fils illégitime d'un seigneur allemand, choisit de désirer le mal. Il devient un chef de guerre sanguinaire, décide de prendre une ville et de massacrer ses habitants uniquement pour montrer sa liberté. Il le dit à sa compagne Catherine :

> « Goetz : Je prendrai la ville.
> Catherine : Mais pourquoi ?
> Goetz : Parce que c'est mal.

---

1. *L'existentialisme est un humanisme*, édition Nagel, Paris, 1976, p. 68.

Catherine : Et pourquoi faire le mal ?
Goetz : Parce que le bien est déjà fait.
Catherine : Qui l'a fait ?
Goetz : Dieu le Père. Moi, j'invente[1]. »

Goetz figure le cas extrême de l'homme libre de désirs prédéterminés. Il en est tellement détaché qu'il prend la liberté pour unique objet de désir. Ainsi, après avoir désiré faire le mal pendant tout l'acte I, il désire, par foucade, devenir un saint dans l'acte II. Le désir de liberté est ici porté à son paroxysme : il désire le mal pour affirmer sa liberté.

Le désir sexuel, figure du désir de liberté

Dans *L'Être et le Néant* comme dans ses œuvres de fiction, Sartre suit le langage courant du XXe siècle : quand on prononce le mot « désir » sans autre qualification, on pense surtout au désir sexuel. Toutefois, le fondateur de l'existentialisme ne se range pas aux thèses du père de la psychanalyse. Pour Sartre, à la différence de Freud[2], tout désir n'est pas sexuel. Mais l'analyse du désir sexuel est éclairante pour comprendre les caractéristiques fondamentales de tout type de désir.

Ce que je désire : la reconnaissance de ma liberté

Pour Sartre, le désir sexuel est déroutant à bien des égards. Le désir semble chercher sa propre disparition par sa satisfaction. Selon lui, ce paradoxe du désir brouille notre vision du désir :

> *« Il faut renoncer d'emblée à l'idée que le désir serait désir de volupté ou désir de faire cesser une douleur[3]. »*

---

1. *Le diable et le bon Dieu*, acte I, scène 4, Gallimard, collection « Folio », p. 81.
2. *Cf.* chapitre 8.
3. *L'être et le néant*, Gallimard, collection « Tel », Paris, 1945, p. 434.

Quand je désire faire l'amour avec quelqu'un, est-ce que je cherche à satisfaire cette pulsion, à la rassasier pour qu'elle disparaisse ? Est-ce que je cherche à ne plus désirer cette personne ? La dynamique du désir sexuel est bien différente : le désir sexuel se renouvelle et cherche à se renouveler. En conséquence, le véritable objet du désir ne peut pas être l'ensemble des moyens qui font disparaître le désir :

> « *Il serait tout à fait inexact de dire que le désir est désir de "possession physique" de l'objet désiré, si l'on entend ici par posséder : faire l'amour avec*[1]. »

Le désir physique ne peut pas non plus viser l'accouplement car ceux qui n'ont aucune idée de ce qu'est un coït ont des désirs :

> « *Mais le désir n'implique nullement par soi l'acte sexuel, il ne le pose pas thématiquement, il ne l'ébauche même pas, comme on voit lorsqu'il s'agit de très jeunes enfants ou d'adultes qui ignorent la "technique" de l'amour*[2]. »

Pour Sartre, le désir sexuel est un cas particulier d'une tendance plus générale chez les hommes. Ce que cherchent les hommes, c'est à entrer en contact avec autrui, à entrer en relation non pas avec un objet ou une chose mais avec un sujet doté lui-même de liberté, que Sartre appelle « un être transcendant » :

> « *Le désir ne pouvant donc ni poser sa suppression comme sa fin suprême, ni élire pour but ultime un acte particulier, est purement et simplement désir d'un être transcendant*[3]. »

Dans le désir sexuel, Sartre voit l'objet de tout désir. Ce que désirent ardemment les êtres humains libres, c'est entrer en relation intime avec d'autres êtres humains libres :

---

1. *Ibidem.*
2. *Ibidem.*
3. *Ibidem.*

« Ma tentative originelle pour me saisir de la subjectivité libre de l'Autre à travers son objectivité pour moi est le désir sexuel[1]. »

Ce que vise le désir, c'est la mise en communication de deux libertés. Voici l'objet réel du désir humain : se faire reconnaître librement comme être libre par un être libre. Mais c'est bien ardu.

Huis clos et le désir de reconnaissance

Dans *Huis clos*, Sartre met en scène l'enfer : c'est l'enfermement de trois personnes, une femme et deux hommes, dans une même pièce. Leurs désirs s'agitent, leurs jalousies aussi. Ils essaient de s'aimer, selon des configurations qui varient et évoluent au fil de la pièce. Mais ils n'y parviennent pas. Car ils n'obtiennent pas ce qu'ils cherchent vraiment : être reconnus comme des êtres libres, responsables et donc estimables par un des deux autres. À chaque fois qu'un personnage essaie d'établir une relation d'amour avec un des deux autres, il se voit réduit à un stéréotype : la femme adultère, l'infanticide, le lâche, le traître, la lesbienne, etc. Les trois personnages ont beau essayer toutes les solutions possibles : ils ne parviennent pas à se faire reconnaître d'un des deux autres comme des sujets libres. Les autres sont à la fois l'unique moyen de satisfaire ce désir de reconnaissance et le principal obstacle à son aboutissement. C'est pour cette raison que l'un d'entre eux peut s'exclamer : « L'enfer, c'est les autres. »

La conscience fait le désir, pas l'inverse

Sartre critique la vision freudienne du désir sexuel. Le désir sexuel ne cherche pas le plaisir, même sous des formes sophistiquées. Le désir sexuel cherche la liberté, comme tous les désirs. Sartre se démarque également de Freud en ce qui concerne la source des désirs.

---

1. *Ibidem*, p. 432.

« Qui est-ce qui désire ? Sans aucun doute, celui qui désire, c'est moi et le désir est un mode singulier de ma subjectivité. Le désir est conscience[1]. »

Pour Sartre, la notion de désir inconscient est une contradiction dans les termes. Comme le désir est une des multiples expressions de ma liberté, il est nécessairement conscient. Certes, Sartre reconnaît le trouble que le désir introduit dans la conscience. C'est que la conscience qui se fait désir est étroitement mêlée au corps :

« L'homme qui désire existe son corps d'une manière particulière et, par là, il se place à un niveau particulier d'existence. En effet, chacun conviendra que le désir n'est pas seulement envie, claire et translucide envie qui vise à travers notre corps un certain objet. Le désir est défini comme trouble[2]. »

Mais le trouble du corps n'efface pas la dimension essentiellement consciente du désir. Le désir sexuel, forme affaiblie de la conscience, reste un phénomène conscient et donc maîtrisable. Ce qui désire dans le sujet, c'est toujours le sujet lui-même. Il n'y a pas de force obscure ou extérieure, distincte de moi-même, qui désire à ma place :

« On connaît cette formule trop célèbre : faire l'amour avec une jolie femme lorsqu'on en a envie, comme on boit un verre d'eau glacée lorsqu'on a soif. Et l'on sait tout ce qu'elle a d'insatisfaisant pour l'esprit et même de scandaleux. C'est qu'on ne désire pas une femme en se tenant tout entier hors du désir, le désir me compromet ; je suis complice de mon désir. Ou plutôt le désir est tout entier chute dans la complicité avec le corps[3]. »

1. *Ibidem*, p. 436.
2. *Ibidem*, p. 437.
3. *Ibidem*, p. 438.

Dans le désir sexuel, la conscience s'engage dans le corps. C'est ce que Sartre décrit en écrivant que la conscience se compromet dans le désir. Le sujet est bien l'auteur de son désir. Mais son désir, en se mêlant à son corps, lui apparaît comme une force presque indépendante de lui.

> « *On sait que dans le désir sexuel, la conscience est comme empâtée. Il semble qu'on [...] glisse vers un consentement passif au désir [...]. Aussi, les expressions qu'on emploie pour désigner le désir en marquent assez la spécificité. On dit qu'il vous prend, qu'il vous submerge, qu'il vous transit*[1]. »

Pour Sartre, l'analyse du désir sexuel ne remet pas en cause la thèse fondamentale de l'existentialisme : l'homme reste libre, même dans la tempête des désirs physiques les plus puissants. La cause en est simple, même si les effets en sont complexes :

> « *Le désir est consentement au désir. La conscience alourdie et pâmée glisse vers un alanguissement comparable au sommeil*[2]. »

Ce qui désire en moi, c'est toujours une liberté.

Le désir, une forme primitive de la recherche de l'intersubjectivité

Dans le désir sexuel, la conscience, se mêlant au corps, se tend vers un autre corps. Mais ce que vise la conscience, à travers le corps, ce n'est pas seulement l'appropriation d'un corps. Ce que vise la conscience au travers d'un autre corps, c'est une autre conscience. Par exemple, quand je désire un autre être, je désire rarement faire seulement usage de son corps. Je désire également être aimé. Je désire donc quelque chose qui n'est pas seulement un objet, mais un être conscient, capable de désirs. C'est ce qui se manifeste dans la caresse :

---

1. *Ibidem*, p. 438.
2. *Ibidem*, p. 444.

« *La caresse n'est aucunement distincte du désir : caresser des yeux ou désirer ne font qu'un ; le désir s'exprime par la caresse comme la pensée par le langage. Et précisément la caresse révèle la chair d'autrui comme chair à moi-même et à autrui[1].* »

Dans le contact entre les corps charnels, les consciences établissent une relation indirecte mais forte. La caresse sur un corps n'a rien à voir avec la caresse sur la carrosserie d'une belle voiture ou sur une laine soyeuse. Par la caresse, j'essaie d'atteindre une conscience immatérielle qui anime un corps matériel :

« *Ainsi la révélation de la chair d'autrui se fait par ma propre chair ; dans le désir et dans la caresse qui l'exprime, je m'incarne pour réaliser l'incarnation d'autrui ; et la caresse en réalisant l'incarnation de l'Autre me découvre ma propre incarnation ; [...] je lui fais goûter ma chair par sa chair pour l'obliger à se sentir chair[2].* »

La caresse est, pour Sartre, l'emblème de la satisfaction du désir sexuel :

« *Mais l'épanouissement des chairs l'une contre l'autre et l'une par l'autre est le but véritable du désir[3].* »

Pour Sartre, le désir physique est une des façons par lesquelles les consciences libres essaient d'entrer en contact intime entre elles. C'est un mode fruste de reconnaissance mutuelle des libertés comparé au dialogue ou à l'action en commun. Mais c'est une modalité incontournable de la réalité humaine :

« *Ce désir est un mode primitif des relations avec autrui, qui constitue l'autre comme chair désirable sur le fond d'un monde de désir[4].* »

1. *Ibidem*, p. 440.
2. *Ibidem*, p. 441.
3. *Ibidem*, p. 447.
4. *Ibidem*, p. 443.

Ce qui donne son sens au désir sexuel, c'est la recherche de ce que Sartre appelle l'intersubjectivité. Ce que je recherche dans le désir sexuel, c'est d'établir une relation entre ma conscience et celle d'autrui. Ce que je vise, c'est la reconnaissance par un sujet libre d'un autre sujet libre comme sujet libre et non comme une simple chose :

> « *Nous pouvons à présent expliciter le sens profond du désir. (...) Je voudrais agir sur la liberté d'autrui, me l'approprier ou, du moins, me faire reconnaître comme liberté par elle.*[1] »

Voici l'explication sartrienne du donjuanisme : Don Juan cherche sans cesse à s'approprier la liberté d'autrui.

Le véritable but du séducteur

Ce que recherche le séducteur, ce n'est pas seulement à faire l'amour avec l'objet de son désir. Il cherche aussi à en être aimé. Il cherche ainsi bien plus qu'un corps : une conscience, une liberté. C'est ce que fait Valmont, le séducteur irrésistible des *Liaisons dangereuses*, le célèbre roman par lettres de Choderlos de Laclos. Il ne cherche pas seulement à pénétrer dans le lit de ses conquêtes. Il cherche à s'en faire aimer.

Les ennemis du désir sexuels : le violeur et le sadique

Aux yeux de Sartre, le désir sexuel est une forme primitive de la recherche de relations intimes entre deux consciences. La voie est bien indirecte : une conscience vise une autre conscience par l'intermédiaire de son propre corps et du corps de l'autre. Dans le désir sexuel se manifeste une quête tâtonnante de l'intersubjectivité :

> « *C'est là le vrai sens du mot de possession. Il est certain que je veux posséder le corps de l'Autre ; mais je veux*

---

1. *Ibidem*, p. 443.

> *le posséder en tant qu'il est lui-même un "possédé",*
> *c'est-à-dire en tant que la conscience de l'Autre s'y est*
> *identifiée. Tel est l'idéal impossible du désir : posséder la*
> *transcendance de l'autre comme pure transcendance et*
> *pourtant comme corps[1].* »

De plus, le désir sexuel souligne la dimension matérielle de l'autre. Il peut même en faire une chose. Alors même qu'il cherche à établir un lien entre deux êtres humains, il peut réduire les autres à des objets. Le désir échoue bien souvent à établir une relation entre consciences et entre libertés parce qu'il peut déraper vers la domination, l'appropriation et la transformation de l'autre en chose. Le désir de se faire reconnaître comme liberté n'est jamais loin de l'échec dès qu'il veut sa satisfaction à tout prix. Forcer l'autre, c'est échouer à établir une relation entre consciences :

> « *Certes, je puis saisir l'autre, l'empoigner, le bousculer ;*
> *je puis, si je dispose de la puissance, le contraindre à*
> *tels ou tels actes, à telles ou telles paroles : mais tout se*
> *passe comme si je voulais m'emparer d'un homme qui*
> *s'enfuirait en me laissant son manteau entre les mains.*
> *C'est le manteau, c'est la dépouille que je possède : je ne*
> *m'emparerai jamais que d'un corps[2].* »

C'est dans cette mesure que le viol et les actes sexuels portant atteinte au consentement d'autrui sont à la fois une manifestation du désir et une négation du désir. Le viol ne donne en fait au violeur que le contraire de ce qu'il cherche. Le violeur désire et cherche, confusément à être aimé. Mais son mépris pour le consentement d'autrui fait de sa victime un objet, un instrument et une chose. Il ne peut par définition pas s'en faire reconnaître et aimer comme par un autre sujet libre.

Le sadisme est une autre manifestation des limites du désir sexuel. Comme le viol, il est un désir qui se condamne lui-même à rester inassouvi. Certes, le sadisme a quelques traits du désir sexuel :

---

1. *Ibidem*, p. 444.
2. *Ibidem*, p. 443.

> « (...) *son but est, comme celui du désir, de saisir et d'asservir l'autre non seulement en tant qu'autre-objet mais en tant que pure transcendance incarnée. Mais l'accent est mis, dans le sadisme, sur l'appropriation instrumentale de l'autre-incarné[1].* »

Mais le sadisme ne parvient pas à établir une relation intersubjective car il traite autrui non pas en être libre mais en chose. Quand je commets des actes sadiques, je cherche à constater ma propre liberté aux dépens de celle d'autrui :

> « *[...] ce corps défiguré et haletant est l'image même de la liberté brisée et asservie[2].* »

Seulement, si je nie la liberté d'autrui, je n'ai plus de partenaire libre pour me reconnaître librement comme conscience, ce qui est précisément ce que je cherche. Ainsi le désir sadique est promis à l'échec :

> « *Le sadisme est donc l'échec du désir et le désir échec du sadisme[3].* »

Sade et le sadisme

Les récits du marquis de Sade, notamment *Justine ou les infortunes de la vertu*, présentent de nombreuses scènes de viol et de torture. S'agit-il pour lui de mettre en scène la libération complète des désirs ? Ou bien de souligner combien les formes extrêmes du désir se condamnent elles-mêmes à ne jamais obtenir ce qu'elles cherchent ?

En dépit des apparences, le violeur et le sadique sont des ennemis du désir sexuel : ils empêchent celui-ci d'atteindre son but, la réciprocité dans les relations corporelles et psychiques.

---

1. *Ibidem*, p. 449.
2. *Ibidem*, p. 454.
3. *Ibidem*, p. 455.

Néanmoins, dans des cas limites du désir sexuel (viol et sadisme), Sartre voit, sous une forme caricaturale et extrême, les difficultés du désir à atteindre son véritable but, la reconnaissance mutuelle de deux subjectivités libres :

> « *Tel est l'idéal impossible du désir : posséder la transcendance de l'autre comme pure transcendance et pourtant comme corps ; réduire l'autre à sa simple facticité parce qu'il est alors au milieu de mon monde*[1]. »

Pour finir...

Selon Sartre, les désirs ne sont pas des défis lancés à la liberté humaine : produits de la liberté humaine, ils sont utilisés comme des prétextes inventés par les hommes pour ne pas exercer leur absolue liberté de choix. C'est la liberté qui est un défi au désir. Pas l'inverse.

---

1. *Ibidem*, p. 444.

Bibliographie commentée

Platon

Les textes de Platon sont presque tous des dialogues. Si Socrate, le maître de Platon, y joue souvent le premier rôle, lui-même n'a pas laissé d'œuvre écrite. La plupart des œuvres de Platon traitent du désir, même si les ouvrages où le désir est examiné de la façon la plus détaillée sont les suivants : *Phédon*, traduction Monique Dixsaut, GF-Flammarion, Paris, 1991 ; *Gorgias*, traduction Monique Canto-Sperber, GF-Flammarion, Paris 1993 ; *Le banquet*, traduction Luc Brisson, GF-Flammarion, Paris, 2000 ; *Philèbe*, traduction Jean-François Pradeau, GF-Flammarion, Paris, 2002 ; *République*, traduction Georges Leroux, GF-Flammarion, Paris 2004. Précisons que, au cours des deux dernières décennies, les œuvres de Platon ont été rééditées et retraduites aux éditions Flammarion, dans la collection de poche GF-Flammarion. Les préfaces et les notes de ces éditions fournissent toutes les indications bibliographiques nécessaires pour approfondir l'étude des textes de Platon.

Épicure

Des multiples traités parfois fort détaillés écrits par Épicure, il nous reste peu de textes : trois lettres adressées à ses disciples, des maximes et des sentences. L'édition récente la plus accessible de ces textes est : Épicure, *Lettres, maximes, sentences*, traduction, introduction et notes par Jean-François Balaudé, Le livre de poche, Paris, 1994. La compréhension des textes d'Épicure est sensiblement facilitée par la lecture du long poème de Lucrèce dont l'édition la plus maniable est *De la nature*, traduction, introduction et notes de José Kany-Turpin, GF-Flammarion, Paris, 1998. Pour une étude plus approfondie des textes épicuriens (et stoïciens *cf. infra*), il est utile de se reporter à l'anthologie commentée qui constitue la référence internationale en la matière : Anthony Long et David Sedley, *Les philosophies hellénistiques*, GF-Flammarion, Paris, 2001.

Épictète et les stoïciens

À l'instar de Socrate, Épictète n'a pas donné de forme écrite à sa philosophie. *Le Manuel d'Épictète* et *Les Entretiens d'Épictète* sont des textes rédigés par un disciple du philosophe, Arrien. Les ouvrages sont tous deux tirés de notes prises par des élèves pendant les cours d'Épictète. Le *Manuel* est un court recueil de maximes qui résument les principales thèses d'Épictète. Les *Entretiens d'Épictète* constituent, eux, une série de retranscriptions détaillées des cours d'Épictète. La moitié des *Entretiens* est perdue pour nous. Si le *Manuel d'Épictète* est abondamment publié en édition de poche, les *Entretiens* sont moins accessibles. Ils sont publiés en français avec les textes majeurs d'autres maîtres stoïciens (Sénèque, Marc Aurèle) dans une édition de référence : *Les stoïciens*, textes traduits par Émile Bréhier, édités sous la direction de Pierre-Maxime Schuhl, Gallimard, coll. « La pléiade », Paris, 1962.

René Descartes

L'œuvre de René Descartes est à l'image de sa philosophie, multiforme. Outre les traités de mathématiques, de physique, d'astronomie, d'anatomie ou encore d'optique, le philosophe a écrit (et parfois publié de son vivant) des traités académiques en latin, dont deux maîtres ouvrages : les *Méditations métaphysiques* (présentation et bibliographie de Jean-Marie et Michelle Beyssade, GF-Flammarion, Paris, 1992) et *Les passions de l'âme* (introduction, notes, bibliographie et chronologie par Pascale d'Arcy, GF-Flammarion, Paris, 1996). Descartes expose également sa philosophie de façon moins formelle. Dans sa correspondance avec la princesse Élisabeth, la reine Christine et ses correspondants scientifiques à travers toute l'Europe (*Correspondance avec Élisabeth et autres lettres*, introduction, bibliographie et chronologie de Jean-Marie et Michelle Beyssade, GF-Flammarion, Paris, 1989), Descartes exprime ses argumentations de façon vivante et accessible. Quant à son célèbre *Discours de la méthode*, il s'agit d'un texte écrit en français pour toucher le grand public et destiné à servir de préface à des traités scientifiques.

Baruch Spinoza

Les ouvrages de Spinoza sont réputés difficiles d'accès. Assurément, la forme de l'*Éthique*, son œuvre maîtresse publiée à titre posthume, peut paraître aride : elle emprunte aux mathématiques une structure en axiomes, propositions, démonstrations, etc. Par ce choix de forme, Spinoza engage une bataille de fond avec la philosophie traditionnelle. Toutefois, les autres textes de Spinoza (le *Traité de la réforme de l'entendement,* le *Traité théologico-politique* et le *Traité politique* ainsi que ses lettres) présentent ses principales idées. Pour le lecteur francophone contemporain, l'édition de tous ces textes (rédigés en latin) chez GF-Flammarion, sous la direction de Charles Appuhn, est la façon la plus simple d'avoir accès à l'œuvre de Spinoza.

Les Encyclopédistes

L'Encyclopédie ne se lit pas *in extenso* selon un ordre alphabétique, scientifique ou logique. L'*Encyclopédie* est conçue pour être consultée. Picorée selon les besoins, les désirs ou les curiosités. Sur le désir, on se reportera tout particulièrement aux articles « Christianisme », « Luxe », « Genève » ou encore « Philosophe ». Diderot et d'Alembert en sont les principaux auteurs. Mais l'*Encyclopédie* est un travail d'équipe. La façon la plus aisée de se reporter à ces articles clés est d'utiliser l'édition suivante : *Encyclopédie ou dictionnaire raisonné des sciences, des arts et des métiers*, textes choisis et présentés par Alain Pons, GF-Flammarion, Paris. La lecture du *Discours préliminaire* (écrit essentiellement par d'Alembert) est particulièrement éclairante pour comprendre la force du désir de connaissance des Encyclopédistes. Outre ces textes, le *Supplément au voyage de Bougainville* de Denis Diderot (GF-Flammarion, Paris, multiples rééditions) défend sous forme de récit les thèses les plus audacieuses sur la liberté sexuelle des Encyclopédistes. La pièce d'Éric-Emmanuel Schmitt, *Le libertin* (in *Théâtre II*, Le livre de poche, Paris) met en scène avec brio la portée du libertinage philosophique, politique et érotique des Encyclopédistes.

Jean-Jacques Rousseau

L'un des plus importants philosophes des Lumières est également l'un des plus grands écrivains de langue française. Jean-Jacques Rousseau est un auteur prolifique. Il distingue lui-même plusieurs pans dans son œuvre écrite. Il doit sa célébrité à deux textes oratoires, écrits pour prendre part à un concours de rhétorique : le *Discours sur les sciences et les arts* (Gallimard, coll. « Folio », Paris, 1964) et le *Discours sur l'origine et les fondements de l'inégalité parmi les hommes* (Gallimard, coll. « Folio », Paris, 1965). Rousseau est également un auteur de *best-seller* : son roman par lettres *Julie ou la nouvelle Héloïse* (GF-Flammarion, Paris, 1967) est un des livres les plus lus de son époque. Le « citoyen de Genève » est également un penseur politique auteur de traités majeurs sur l'État, *Du contrat social* (GF-Flammarion, Paris, 1966) et sur l'éducation, *Émile ou de l'éducation* (GF-Flammarion, Paris, 1966). Bien d'autres œuvres mériteraient d'être mentionnées. Toutefois, *Les Confessions* (Gallimard, coll. « Folio », Paris, 1973) marquent une révolution dans l'histoire de la littérature mondiale : avec ce livre, Rousseau crée un nouveau genre, l'autobiographie.

Sigmund Freud

Les nombreux textes de Freud ont fait l'objet d'une édition intégrale de 20 volumes et d'une nouvelle traduction aux Presses universitaires de France, dans une collection destinée aux spécialistes. Pour s'initier à la psychanalyse dans un format de poche, il est recommandé de lire l'*Introduction à la psychanalyse*, texte de vulgarisation très pédagogique publié par Freud en 1916 (Petite bibliothèque Payot, Paris, 2010). Les ouvrages de Freud les plus appréciés du grand public et les plus lus des philosophes sont sans doute des « applications non médicales de la psychanalyse ». Freud y adopte en effet un point de vue de penseur et non pas seulement de thérapeute sur le désir. *Un souvenir d'enfance de Léonard de Vinci*, 1927, Gallimard, coll. « Idées », 1977, présente l'analyse psychanalytique de l'activité artistique. *Le Malaise dans la culture*, présentation par Pierre Pellegrin, traduction par Dorian Astor, GF-Flammarion, Paris, 2010, est consacré à la religion, à la vie en société et aux désirs collectifs.

Jean-Paul Sartre

Pour une première approche de l'existentialisme et pour un aperçu des grandes thèses de Sartre sur le désir, la conférence *L'existentialisme est un humanisme* (1945) s'impose car c'est un texte court et percutant devenu classique. Son ouvrage philosophique majeur, volumineux et fort technique, *L'Être et le Néant* (1943) propose plusieurs analyses détaillées sur le désir, notamment sexuel. Les œuvres littéraires les plus connues de Sartre ont une portée philosophique évidente en ce qui concerne le désir. Ses pièces de théâtre, *Les Mouches* (1943), *Huis clos* (1944) et *Les Mains sales* (1945) mettent au premier plan les relations entre liberté et désirs. Tous ces textes sont disponibles en édition de poche aux éditions Gallimard soit dans la collection « Folio » soit dans la collection « Tel ».